掌控情緒、影響他人,從自我管理到領導力,頂尖

哈佛情商課

世界頂尖學府教你的高 EQ 思維

從總統到企業家,高 EQ 是成功關鍵

哈佛菁英必修的情商課,打造強大內心與卓越領導力
讀懂情緒、駕馭人心,在人生與職場中脫穎而出

西武 著

目 錄

序言　　　　　　　　　　　　　　　　　　　　005

CLASS I　自制力，命運的主宰者　　　　　009

CLASS II　了解自我　　　　　　　　　　　035

CLASS III　管理自我　　　　　　　　　　　075

CLASS IV　激勵自我　　　　　　　　　　　119

CLASS V　了解他人　　　　　　　　　　　167

CLASS VI　人際關係　　　　　　　　　　　217

CLASS VII　團隊情商　　　　　　　　　　273

目錄

序言

人生命運由情商主宰

一個人成功與否，最重要的決定因素是什麼？

或許很多人會回答：智商、受教育程度、家庭背景等。然而，哈佛大學教授、著名心理學家丹尼爾·高曼（Daniel Goleman）在其風靡世界的《情商》（*EQ*）一書中提出，促使一個人成功的諸多要素中，智商作用只占20%，而情商作用則占80%。

情商（Emotional Quotient，簡稱 EQ）是一個人自我情緒管理（自制力）以及管理他人情緒的能力指數。

如果說成績由智商決定，那麼綜合素養主要取決於一個人的情商。只有提高情商，才能很好地發揮組織協調能力，才能培養領導能力和團隊精神，也才能成為政治和經濟方面的領袖。

富蘭克林·羅斯福（Franklin Roosevelt）、約翰·甘迺迪（John Kennedy）等八位美國總統，喬治·邁諾特（George Minot）、愛德華·珀塞爾（Edward Purcell）等幾十位諾貝爾獎得主，比爾蓋茲、路易斯·郭士納（Louis Gerstner）等幾十位商業領袖，他們有什麼共同特徵嗎？作為哈佛大學的莘莘學子，他們都非常注重哈佛開的情商課。情商是人們在現代社會生存和發展不可或缺的基本素養，對於哈佛大學這種的世界名校來說，培養青年學子超常的情商，其重要性遠遠在教授具體的知識技能之

序言

上，正是這種教育使哈佛大學在文學、思想、政治、科學研究、商業等方面都造就了燦若繁星的傑出人才。

自制力作為意志的重要特質，情商的重要要素，對一個人的成功有至關重要的作用，我們的身心健康、心智、人際關係和事業發展等無不受到自制力的引導。然而許多人都明顯地意識到自己自制力非常薄弱，對大多數人而言，理性地控制自己是一時的行為，而力不從心或者失控卻是常態。

設定起床的鈴聲，但鈴聲響了又反覆延遲；作業拖到早自修才開始「抄」；看到漂亮衣服就想買；一直想減肥，卻總是瘦一公斤胖兩公斤；計劃每天學一小時英文，又總因為打遊戲而把任務拖到明天。這些「放縱自己」、「圖個痛快」、「追求自由，無拘無束」的行為都是缺乏自制力的表現。

自制力差者還時時地表現得情緒失控。比如有些年輕人遇到不順心的事，不能完美地控制自己，常出現暴力行為，嚴重的甚至會遭到刑事處罰，這都屬於不冷靜的處世態度。

自制力與人的性格有關。性格過於敏感的人總想在眾人面前證明自己的能力，卻常常臨場發揮失常。比如你可能會因為馬上要進行的一次很重要的公開演講而緊張不已，很怕出現錯誤，到了上臺演講時就臉紅口吃，語無倫次；比如有的運動員平時成績很好，到了重大比賽就發揮不好。這種情況無一例外地屬於因緊張而導致的情緒失控。

自制力是感性與理性構成的矛盾體。如果任憑感性支配自己的行動，自己就會成為情緒的奴隸。也許你覺得抽一根菸不會上癮，吃一塊巧克力不會讓人立刻發胖，玩幾次遊戲不會染上網癮，拖延一次任務也不會丟掉工作，但長此以往，量變必然帶來質變。所以，我們必須提高

自制力，為最有利於自己的大目標而控制自己的行為。

達爾文（Charles Darwin）曾寫道：「我們意識到應該控制自己思考的時候，便是道德修養達到最高境界的時候。」每個人的成功都是「自我克制」和「堅持不懈」的結果，缺乏自制力卻妄談成功就像盲人在談論顏色。

自制力並非生來就有或者不可改變的，它是一種能夠培養和發展的技能。

在《情商》一書中，高爾曼也明確指出，情商不同於智商，它不是天生注定的，而是由下列三種可以學習的能力組成的：

—— 了解自我的能力：能立刻察覺自己的情緒，了解情緒產生的原因；

—— 管理自我的能力：能夠安撫自己，擺脫強烈的焦慮、憂鬱以及控制刺激情緒的根源；

—— 激勵自我的能力：能夠依據活動的某種目標，調動、指揮自己的情緒，增強注意力與創造力。

如果你學會審視和了解自己，學會怎樣激勵自己、怎樣調節情緒，你將不會再無助地任由負面情緒擺布，而能夠從容地面對痛苦、憂慮、憤怒和恐懼等情緒，你會發現自己能輕而易舉地駕馭它們，駕馭一切。

心理學家利蘭（David McClelland）說：「一個有意鍛鍊自己並提升自制力的人，將會獲得無比巨大的力量，這種力量不僅能夠完全控制一個人的精神世界，而且能夠使人的心理發展達到前所未有的高度，讓一個人得到以前從未想過能擁有的智慧和能力。所有那些一直以來不為人們所發現的東西其實就存在於人的自身，自制力就是那把能夠打開人的觀

序言

察力和征服力之門的鑰匙。」

　　自制力是一個人成熟度的體現。沒有自制力，就沒有好的習慣；沒有好的習慣，就沒有好的人生。最容易完成大事的是那些情商高、能掌控自己的人。增強自制力，就會少一些失言、失手、失足，多一分珍重。在這個世界上，沒有人要把你變成什麼樣，只有自己要把自己變成什麼樣。完善人格修養，以自律為前提掌握好自制力，你才會立於不敗之地。

　　本書濃縮了哈佛大學關於情商方面精采的七堂課，讓未能進入哈佛學習的朋友也能領會名校的成功智慧，用更先進、更有效率的方法快速提升自己的情商，成為社會菁英人物，成就卓越人生。一個人能走多遠，關鍵在於能抵禦多少誘惑，如果你想讓生活變得更美好，就從自制力入手吧。

CLASS I

自制力,命運的主宰者

如果你不懂 EQ,從現在起,我們宣布 —— 你落伍了!

—— 美國《時代》週刊(TIME)

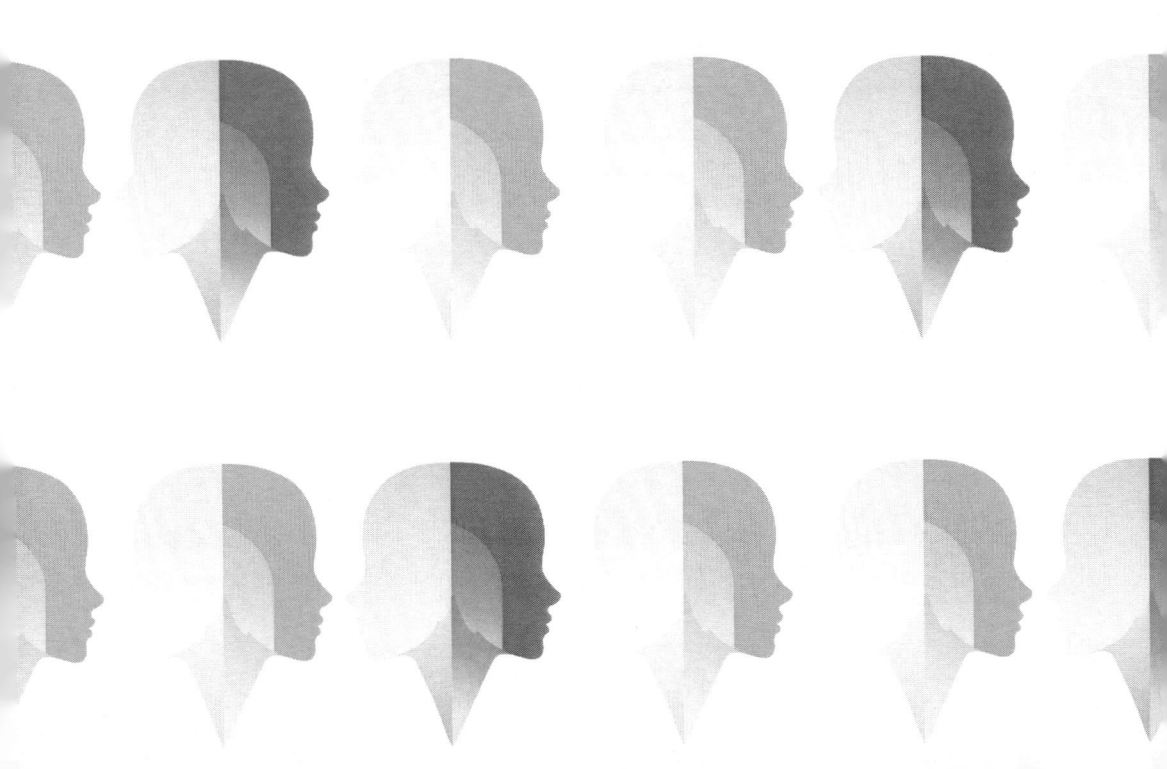

CLASS I　自制力，命運的主宰者

EQ 的誕生

　　一九七〇年代中期，美國某保險公司僱傭了五千名業務員，並對他們進行了職業培訓，每名業務員的培訓費用高達三萬美元。誰知僱傭後第一年就有一半人辭職，四年後這批人只剩下不到 1／5。

　　原來，在推銷保險的過程中，業務員得一次又一次地面對被拒之門外的窘境。許多人在遭受多次拒絕後，便失去繼續從事這項工作的耐心和勇氣。

　　該公司決定請賓夕法尼亞大學（University of Pennsylvania）心理學家馬丁·賽里格曼（Martin E. P. Seligman）來調查，希望他能為公司的應徵工作提供幫助。調查的重點是那些善於將每一次拒絕都當作挑戰而不是挫折的人，是否更有可能成為成功的業務員。

　　賽里格曼教授以提出「在人的成功中樂觀情緒的重要性」的理論而聞名。他認為當樂觀主義者失敗時，他們會將失敗歸結於某些他們可以改變的事情，而不是某些固定的、他們無法克服的困難。因此，他們會努力改變現狀，爭取成功。

　　接受該保險公司的邀請之後，賽里格曼對一萬五千名新員工進行兩次測試：一次是該公司常規的以智商測驗為主的甄別測試，另一次是賽里格曼自己設計的、用於測試被測者樂觀程度的測試。之後，賽里格曼對這些新員工進行追蹤研究。

　　在這些新員工當中，有一組人沒有通過智商甄別測試，但在樂觀測試中，他們取得了「超級樂觀主義者」的好成績。追蹤研究的結果顯示，這一組人在所有人中工作任務完成得最好。第一年他們的推銷業績比

「一般悲觀主義者」高出21%，第二年高出57%。從此，通過賽里格曼的樂觀測試便成為了該公司錄用業務員必不可少的程序。

實際上，賽里格曼的樂觀測試就是情商測驗的一個雛形，它在保險公司的成功在一定程度上直接證明，與情緒有關的個人素養在預測一類人能否成功中起著重要作用，這也為「情商」理論的誕生，提供了實踐方面的有力支持。

正式提出「情商」這一術語的是美國耶魯大學（Yale University）的彼得·沙洛維（Peter Salovey）教授和新罕布夏大學（University of Newhampshire）的約翰·梅爾（John Clayton Mayer）教授。兩年後，他們將情商定義為一種社會智力，並對其應包含的能力內容做了界定，分別為：

——區分自己與他人情緒的能力；
——調節自己與他人情緒的能力；
——運用情緒去引導思維的能力。

「情商」這一概念的提出，在心理學界引起廣泛的重視，並開始受到一些企業人士的注意。不少企業管理人員嘗試著把它運用到實際工作中去。

簡單來說，情商（Emotional Quotient，簡稱EQ）是一個人自我情緒管理（自制力）以及管理他人情緒的能力指數。和智商（Intelligence Quotient，簡稱IQ）一樣，情商是一個抽象的概念，主要指人在情緒、情感、意志、耐受挫折等方面的特質。

整體來說，情商就是一種情緒管理的能力，一種準確察覺、評價和表達情緒的能力，一種接近並產生感情以促進思維的能力，一種調節情緒以幫助情緒和智商發展的能力。

美國紐澤西州AT&T貝爾實驗室的一位負責人，曾經用情商的有關

CLASS I　自制力，命運的主宰者

理論對他的職員進行分析。結果發現，那些業績好的員工，的確都不是具有高智商的人，而是那些情緒傳遞得到回應的人。

另外一個例子是，美國創新領導力中心（Center for Creative Leadership, CCL）的坎普爾及同事，在研究「曇花一現的主管人員」時發現，這些人之所以失敗，並不是技術上無能，而是情緒掌控能力差，從而導致人際關係陷入困境而最終失敗。

由於在企業界的成功應用，情商聲名大噪，並引起新聞媒體的濃厚興趣。一九九五年十月，美國《紐約時報》（The New York Times）專欄作家、哈佛大學心理學博士丹尼爾·高曼出版了《情商》一書，把情商這一個研究新成果介紹給大眾，該書迅速成為世界性的暢銷書。一時間，「情商」的概念在世界各地得到了廣泛的宣傳。

在《情商》一書中，丹尼爾·高曼明確指出情商不同於智商，它不是天生注定的，而是由下列三種可以學習的能力組成的：

——了解自我的能力：能立刻察覺自己的情緒，了解情緒產生的原因；

——管理自我的能力：能夠安撫自己，擺脫強烈的焦慮、憂鬱以及控制刺激情緒的根源；

——激勵自我的能力：能夠依據活動的某種目標，調動、指揮自己的情緒，增強注意力與創造力。

丹尼爾·高曼認為，「情商」是一個人重要的生存能力，是一種發掘情感潛能、運用情感能力影響生活各個層面和人生未來的關鍵特質因素。他認為在成功的要素中，智商因素是重要的，但更為重要的是情商因素。

從此，「情商」作為一個時髦的名詞，頻頻出現在人們的言談話語中。EQ 成為了美國人，甚至是全世界的人茶餘飯後的討論話題。

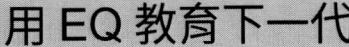

用 EQ 教育下一代

在人類歷史上,科學家們曾陷入各式各樣的失誤,智商測驗便是其中之一。一九〇四年,法國教育部成立了一個專門委員會,委託專家研究公立學校智商缺陷兒童的管理問題。委員會裡的其中一名委員比奈 (Alfred Binet) 與另一位心理學家西蒙 (Theodore Simon) 合作,試著用一種測驗的方法去辨別有心理和智慧缺陷的兒童。次年,一套用以測量兒童智商高低的問卷被編製出來,這就是世界上最早的智力測驗量表。

比奈——西蒙智力測驗量表的問世,很快引起法國教育部的重視,繼而得到大力推廣。從此以後,智商測驗便開始被用來幫助預測兒童的智商高低,並判斷他們在經過智商訓練後能得到多大的提高。

不久,為成人編製的智力測驗量表也出現了,並在西方社會迅速普及蔓延,掀起一股智商測試的熱潮。第一次世界大戰期間,約有兩千萬人參與了智商測驗,接受智商甄選。同時,根據測驗情況他們被安排在適當的職位上。

此後,各種測量智商的測驗表相繼問世,智商測驗迅速滲透到各行各業、各年齡階段中。第二次世界大戰期間,又有數百萬人參加了智商測驗。在二十世紀的西方世界,幾乎沒有人能夠逃避這種測驗。

智商測驗日益推廣,它對人們生活的影響也越來越大。在當時的美國,智商測驗已成為社會文化的一個重要組成部分。一個人在個體和團體智商測驗上的得分,是其一生職業選擇、安置和決策的主要依據。

CLASS I　自制力，命運的主宰者

　　智商測驗分數決定著誰被定為智商缺陷或天才，誰進入名牌大學或獲取其他教育機會。在部隊和一些大型企業，誰服役當軍官、誰接受管理訓練，智商測驗都有著決定性的作用。

　　然而，自智商出現的百餘年來，智商能在多大程度上預測一個人的未來，這一問題卻引發了心理學家們的廣泛討論。因此，智商測驗是否有效，智商分數是否有實際效用，理所當然地受到人們頗多的質疑。

　　為此，美國心理學家曾做過一項有趣的研究。一九八一年，他們挑選伊利諾州 (State of Illinois) 某中學的八十一位畢業演說代表，這些人的平均智商在全校是最高的。研究發現，這些學生進入大學後在校期間都取得了很好的成績，但大學畢業後進入社會，在工作中表現平平。從中學畢業算起，十年後，他們當中只有 1／4 的人在本行業內達到了同齡的最高階層，很多人的表現甚至遠遠不如同輩。

　　波士頓大學 (Boston University) 教授凱倫・阿諾參與此項研究，他針對這一調查結果指出：「面對一位畢業致詞代表，你唯一知道的就是他考試成績不錯。面對一位高智商者，你所知道的也無非是他在回答某些心理學家們所編製的智商測驗題時成績不錯，但我們無法準確地預測他未來的成就。」

　　《鐘形曲線：美國社會中的智力與階層結構》(The Bell Curve) 一書的作者理查・赫恩斯坦 (Richard J. Herrnstein) 和查爾斯・默里 (Charles Murray) 也坦言：「假設一個人參加智商測驗，數學僅得了五十分，也許他不宜立定志向當數學家，但如果他的夢想是自己創業、當參議員，或者賺一百萬，就並非沒有實現的可能。影響人生成敗的因素實在太多，相比之下，區區的智商測驗何足道哉？」

　　的確，智商測驗在一定程度上能預測一個人的學業成績，但是由學

業成績能否準確預測他們的未來呢？如果智商測驗無法預測誰會獲得事業上的成功，誰會擁有融洽的人際關係，那麼它的存在又有多少實際價值呢？

於是，心理學家們提出新的可能，成功因素中至少還有70％以上的沉睡因素正等待我們去喚醒、去運用。它不是智商，那麼它是什麼呢？

美國哈佛大學心理學教授霍華德·加德納（Howard Earl Gardner），在對智商測驗提出嚴厲斥責的同時，開始研究智商以外的智力。不久，他提出了人際智力和自知智力。他認為人際智力能夠理解他人的情緒、性情、動機、欲望，並且自己能給予適度的反應，而自知智力能夠根據自己的感受，規範個人的行為。

在這兩類智力中，加德納明確提到理解自我和他人情緒的重要性，為情商的產生做了有力的鋪陳。

近年來，國外心理學家們又提出「新情商」的概念，為EQ注入新的活力。他們認為，情商是測定和描述人的「情緒情感」的一種指標。它具體包括情緒的自控能力、人際關係的處理能力、挫折的承受能力、自我的了解程度，以及對他人的理解與寬容。

對於情商，專家學者們發表了自己的看法：

EQ創始人沙洛維博士和梅爾博士說：「EQ已成為二十世紀最重要的心理學研究成果。」

把EQ介紹給大眾的丹尼爾·高曼博士認為：「僅有IQ是不夠的，我們應用EQ來教育下一代，幫助他們發揮與生俱來的潛能。」

美國《讀者文摘》(Reader's Digest)更加堅定地反問讀者：「掌握了EQ，還有什麼不能利用的呢？」

CLASS I　自制力，命運的主宰者

美國《時代》週刊甚至宣稱:「如果你不懂 EQ，從現在起，我們宣布──你落伍了！」

與 EQ 有關的新生事物也層出不窮，美國有了 EQ 月刊，它倡導:「做 EQ 測驗吧，你會發現一個全新的自己！」

美國 EQ 協會也迅速成立，它以研究和宣傳 EQ 的作用，證明其重要性為宗旨。該協會的宣言是：讓我們再進化一次，成為智慧的上帝！

校長的悲哀

校長的悲哀

人的情緒是無處不在的，相信每個人都曾有過莫名其妙被某種情緒所侵襲的經驗。這些情緒包括正面的感情，也包括負面的感情，並不是所有情緒都是對人的行為有利。所以，認識情緒，進而管理情緒，就成為我們必須正視的課題。

《牛津英語詞典》(*Oxford English Dictionary*)上說：情緒是心靈、感覺、情感的激動或騷動，泛指任何激動或興奮的心理狀態。簡單來說，情緒是人對接觸到的世界和人的態度以及相應的行為反應，就是快樂、生氣、悲傷等心情，它不只會影響我們的想法和決定，更會激起一連串的生理反應。

我們可以將情緒大致分為愉快和不愉快兩種：

愉快的情緒包括喜悅、快樂、興奮、驕傲、驚喜、滿足、熱忱、冷靜、好奇心和如釋重負等。

不愉快的情緒有失望、挫折、憂鬱、困惑、尷尬、羞恥、不悅、自卑、愧疚、仇恨、暴力、譏諷、排斥和輕視等。它們又可細分為合理的情緒和不合理的情緒。

快樂、激動、悲傷、恐懼、憤怒、害怕、擔心、驚訝等感覺，構成了人豐富多彩的情緒生活。人活著就免不了感受這些情緒。情緒左右人類無數的決定和行為，無論是對我們的學習經驗，還是社會適應能力來說，情緒都扮演著非常重要的角色。

由此可見，情緒是多種情感交錯而引起的一連串反應，與環境有著密不可分的互動關係，它並不是理智可以招之即來、揮之即去的。

CLASS I　自制力，命運的主宰者

一九六〇年代早期，美國一位很有才華、曾經做過大學校長的人競選美國中西部某州的議會議員。此人資歷很高，又精明能幹、博學多聞，非常有希望贏得選舉的勝利。

但是，有一個謊言卻在此時散播開來——三年前，在該州首府舉行的一次教育大會中，他跟一位年輕的女教師有一點「曖昧」的行為。這只不過是一個很小的謊言，但這位候選人卻不能控制自己的情緒，對此感到非常憤怒，並竭力想為自己辯解澄清。由於按捺不住對這一則惡毒謠言的怒火，在以後的每一次集會中，他都要站起來極力澄清事實，以證明自己的清白。

其實，大部分選民根本沒有聽到或過多地注意到這件事，但此時人們卻越來越相信有那麼一回事了。有些民眾甚至振振有詞地反問：「如果你真是無辜的，為什麼要百般狡辯呢？」

如此火上澆油，使這位候選人變得更加氣急敗壞。他聲嘶力竭地在各種場合中為自己辯白，譴責謠言的傳播者。然而，這卻更使人們對謠言信以為真。最悲哀的是，連他的太太也開始轉而相信謠言了，夫妻之間的親密關係消失殆盡。

最後，他在選舉中敗北了，從此一蹶不振。

雖然這位候選人的智商很高，但很明顯，他缺乏高情商，他不懂得情商是一種表達和調控情緒的藝術。

那麼，情商和情緒的關係是怎樣的呢？無數事例證實：情商就是一種情緒管理的能力。情商高，代表著自制力強，人際關係和社會適應力也比較好。反過來說，情商低，就代表一個人常常會陷入大悲大喜之中，因為憂鬱而一事無成，或者是脾氣暴躁無常，常出現暴力行為，人際關係就容易緊張，社會適應力也較差。

比如，你可能會因為馬上要進行一次很重要的演講而緊張不已，很怕出差錯。如果你一直讓自己陷入這種恐慌的情緒中，毫無疑問，你的這次演講肯定沒有條理，亂講一通。

如果你意識到自己一直陷於這種緊張之中並不能改變什麼，並且你開始試著控制自己的情緒，靜下心來分析緊張產生的原因，尋找解決的方法，也就是說，你開始控制自己不良的情緒。那麼，當你知道自己為什麼會害怕、會緊張、會恐懼之後，就不會感覺那麼緊張了。

生活中經常會遇到種種不如意，有的人會因此大動肝火，結果把事情弄得越來越糟。而有的人則能很好地控制住自己的情緒，泰然自若地面對各種刁難，在生活中立於不敗之地。為了更好地適應社會，取得成功，人有必要調控自己的情緒，理智客觀地處理所有問題。

一個人的情緒管理得好，相對來說他的自制力就會增強，因而做事的效率大增，成功的機率也跟著提高。唯有在了解自我的情況下，才有可能進一步地管理情緒，達到自我激勵、發揮創造力等目的。

情商是管理情緒的一種藝術，如果你要快樂幸福地生活，就要學會了解和管理自己的情緒，提高自制力，這也是提高你的情商的一種方法。

CLASS I　自制力，命運的主宰者

心態最昂貴

　　十九世紀，美國「建築大王」凱迪的女兒和「飛機大王」克拉奇的兒子在雙方父母的撮合下開始交往。但兩個人的交往並不順利，時時發生爭吵。兩家人都是社會上的名流鉅富，兒女們的這種關係讓他們大傷腦筋。他們甚至擔心會發生什麼不測。

　　擔心什麼就有什麼，令他們震驚的事還是發生了，凱迪的女兒竟然被克拉奇的兒子毒死。

　　克拉奇的兒子小克拉奇因一級謀殺罪被關進大牢，受到沉重打擊的兩家人的生活從此變得暗無天日。但克拉奇的兒子在「事實」面前拒絕承認自己的罪行，這使得凱迪一家非常氣憤。克拉奇一家也在拚命為兒子奔走上訴。如此一來，兩家人結下了深仇大恨。

　　一年以後，法院做出終審，小克拉奇下毒謀殺的罪名成立，被判終身監禁。克拉奇為了讓兒子在今後得到緩刑，也為了消除兒子的罪惡，拐彎抹角地不斷以重金為凱迪一家做經濟補償，以使凱迪能不時地到獄中為兒子說情。克拉奇每一次的補償都是巧妙地出現在生意場上，這使得凱迪不得不被動接受。

　　凱迪每得到克拉奇家族一筆補償，就像是接過一把刺向自己內心的刀，悲痛難言。凱迪埋怨自己，也埋怨女兒當初怎麼就看錯了人。而克拉奇全家更是年年月月天天生活在自責中，他們怨恨沒有教育好自己的兒子。

　　兩家人都是美國企業界的輝煌人物，然而生活卻如此地捉弄他們，讓他們不得安生。一年又一年，兩家人的心情被巨大的陰影所籠罩，從

020

來沒有真正地笑過。他們也承認，這些年為此所付出的心理代價是無法用金錢來計算的。

二十年後，一件極為偶然的事件使事情全部變了樣，一名罪犯一再上訴，不承認自己下毒。這時醫學已經有了很大的發展，經過多次化驗，發現死者原來是服用了一種罕見的藥物而中毒，與所謂的凶殺毫無關係。

這和二十年前克拉奇兒子「謀殺」凱迪女兒的事件一模一樣，原來這是一個誤判。二十年後，克拉奇的兒子被釋放出獄。但是整整二十年，凱迪與克拉奇兩家人卻因為這件事在心理上彼此仇恨，他們成了這個世界上受傷最重又最不幸的人。

事實證明，凱迪女兒的死並不涉及善惡情仇。這件事情引起了美國媒體的關注，面對記者的採訪，凱迪與克拉奇都說了同樣的話：「二十年來付不起的是，我們已經付出而又無法彌補的心態。」

人生的所謂得與失，在很多時候並沒有實際意義，而被帶入其中的無法挽救的或惡劣、或悲傷、或仇恨的心情，卻可以使人們失去對整個生活的感受和看法。這種因心情引起的得與失，比起物質上的得與失更加致命。

「我們付不起的是心態。」這是克拉奇與凱迪兩家人經過二十年的體驗總結出來的一句至理名言。

人生在世，我們常常付不起的是生活中某件事對我們的情緒與心態所形成的那種漫長主宰。正是這種情緒與心態，改變甚至毀滅了許多人的生活。

CLASS I　自制力，命運的主宰者

棉花糖實驗

　　人要學會調動自己正面的情緒，控制自己負面的情緒。只有那些擁有自制力的人，才能走向成功。你能調動情緒，就能調動一切。

　　在法庭上，律師拿出一封信問洛克斐勒：「先生，你收到我寄給你的信了嗎？你回信了嗎？」

　　「收到了！」洛克斐勒回答他，「沒有回信！」

　　律師又拿出二十幾封信，一一詢問洛克斐勒，而洛克斐勒都以相同的表情，一一給予相同的回答。

　　律師控制不住自己的情緒，暴跳如雷並不斷咒罵。

　　最後，法官宣布洛克斐勒勝訴！因為律師情緒的失控讓自己亂了章法。

　　無論在工作中還是在生活中，面對不同的環境、不同的對手，有時候採用何種手段已不太重要，而控制好自己的情緒卻至關重要。

　　一九六〇年，著名心理學家沃爾特・米歇爾（Walter Mischel）在史丹佛大學（Stanford University）的幼稚園進行了一項實驗。一群兒童依次走進一個空蕩蕩的房間，在房間最顯著的位置，米歇爾教授為每個孩子放了一顆綿花糖。

　　接下來，測試老師對每一個孩子說：「誰能堅持到老師回來時還沒把這顆棉花糖吃掉，誰就可以得到另外一顆綿花糖作為獎勵。但是，如果老師還沒回來你就把棉花糖吃掉的話，你就只能得到這一顆棉花糖了。」

結果發現，有些孩子受不了棉花糖的誘惑，還沒等老師回來就把棉花糖糖吃掉了。而另外一些孩子，則牢牢記住老師的話，認為自己只要堅持一下，就可以得到兩顆棉花糖。於是，他們盡量克制自己。他們並非不愛吃棉花糖，卻努力地轉移自己的注意力，他們有的唱歌，有的蹦蹦跳跳，有的乾脆離開座位到旁邊去玩，堅持不看那顆綿花糖，一直等到老師回來。就這樣，他們得到了獎勵——第二顆棉花糖。

　　研究者把孩子分成兩組：能夠抵擋住誘惑、堅持下來得到兩顆綿花糖的孩子和不能堅持下來只得到一顆棉花糖的孩子，並對他們進行了長期的追蹤調查。

　　結果發現，長大後，那些只得到一顆棉花糖的孩子普遍沒有得到兩顆棉花糖的孩子取得的成就大。這就說明，凡是小時候缺乏自制力的，無論他的智商如何高，其成功的機率都很小；反之，那些小時候便能很好地控制自己，尤其能夠透過轉移注意力來控制自己的孩子，往往能夠更好地掌握自己的人生。

　　由此看來，在決定人生成敗方面，人的非智力心理素質的作用常常超過智力因素。一個高情商的人，是能夠成熟地調控自己情緒和情感，同時他也就具備調節別人情緒的能力。

　　想要控制情緒，就需要先了解情緒。情緒其實具有兩極性，如正面和負面的情緒、激動和平靜的情緒等。同時，情緒的強弱程度、情緒的表現形式各式各樣，各種不同的情緒表現形式都可用來作為衡量情緒的尺度，如情緒的緊張程度、情緒的激動程度、情緒的快感程度等。

　　正面和負面的情緒就是情緒兩極性的典型表現。正面、愉快的情緒使人充滿信心，努力工作；負面的情緒如悲傷、鬱悶等，則會降低人的行為效率。

CLASS I　自制力，命運的主宰者

情緒的兩極性表現為肯定和否定的對立性質，比如滿意和不滿意、愉快和悲傷、愛和恨等。而每兩種相反的情緒之間又存在著許多程度上的差別，具體表現為情緒的多樣化形式。

雖然兩種情緒處於明顯的兩極對立狀態，但它們仍可以在同一事件中同時或相繼出現。例如，兒子在保衛國家的戰爭中犧牲了，父母既有著英雄為國捐軀的榮譽感，又深切感受著失去親人的悲傷。

同樣，對於人來說，同一種情緒也可能同時具有正面和負面的作用。恐懼會使人緊張，抑制人的行動，減弱人的正常思維能力，但同時也可能調動他的潛力，促使他向危險挑戰。

緊張和輕鬆也是情緒兩極性的一種表現。緊張總是在一定的環境和情景下發生，比如客觀情況賦予人需要的急迫性、重要性等，人們在這種時候就極易產生緊張情緒。當然，緊張也決定於人的心理狀態，比如腦力活動的緊張性、注意力的集中程度、活動的準備狀態等。

通常情況下，緊張能對人活動的狀態產生顯著的影響。它能引起人的應用啟動，產生對活動有利的一面。但過度的緊張則可能使人產生厭惡、抑制心理，並導致其行為的瓦解和精神的疲憊，甚至崩潰。

情緒的兩極性還可以表現為激動和平靜。爆發式的激動情緒強烈而短暫，如狂喜、激憤、絕望等。而平靜的情緒狀態在人們的日常生活中占據著主導地位，人們就是在這種狀態下從事持續的智力活動的。

作為情緒兩極性的一種表現方式，情緒的強弱變化也異常明顯。它經常呈現出從弱到強或由強到弱的變化狀態，比如從微弱的不安到強烈的激動、從暗喜到狂喜、從微慍到暴怒、從擔心到恐懼等。情緒變化的強度越大，自我受情緒影響的趨向就越明顯。

智商只是門票

在哈佛大學圖書館的牆上，我們隨處可見一條訓言：「幸福或許不排名次，但成功必排名次。」

與社會交往能力差、性格孤僻的高智商者相比，那些能夠敏銳了解他人情緒、善於控制自己情緒的人，更可能得到自己想要的工作，也更可能取得成功。情商為人們開闢了一條事業成功的新途徑，它使人們擺脫了過去只講智商所造成的無可奈何的宿命論態度。

心理學家認為，情商是生活的動力，它可以讓智商發揮更大的作用。所以，情商是影響個人健康、情感、人生成功及人際關係的重要因素。

多年以來，人們一直認為高智商決定高成就，其實，人一生的成就至多只有20％歸功於智商，另外80％則受情商的影響。所謂20％與80％並不是一個絕對的比例，它只是表明，情商在人生成就中有不可忽視的作用。儘管智商的作用不可或缺，但人們過去把它的作用預想得太高了。

為此，心理學家霍華德‧加德納說：「一個人最後在社會上占據什麼位置，絕大部分取決於非智力因素。」許多資料也顯示，情商較高的人在人生各個領域都占盡優勢，無論是談戀愛、人際關係，還是在主宰個人命運等方面，其成功的機率都比較大。

高曼用了兩年時間，對全球近五百家企業、政府機構和非營利性組織進行分析，發現成功者除了具備極高的智商以外，卓越的表現亦與情商有著密切的關係。在以十五家全球企業（如IBM、百事可樂等）的數百名高層主管為對象的研究中發現，平凡領導者和頂尖領導者的差異，主要來自情商。

CLASS I　自制力，命運的主宰者

　　頂尖領導者在一系列情商因素，如影響力、團隊領導、自信和成就動機上，均有傑出表現。情商對領導者特別重要，因為領導者的精髓就在於使他人更有效地做好工作。一個領導人的卓越之處，在相當程度上表現在他的情商上。

　　這就是人們不會推舉一些特別聰明的人做領導，而會推舉一些能關心別人、與人關係融洽的人做領導的原因所在。相比之下，情商高的人更能為眾人辦事，也更能調動群體的積極性。

　　情商對於一般人而言也是如此。許多人在校時成績很好，畢業後卻碌碌無為。他們經常抱怨與人難以相處，得不到上司的賞識，在生活中處處碰壁，有些人甚至心態失衡而走上歧途，究其原因，也是情商低。而一些在校時成績平平，被認為智商一般甚至缺陷的學生，畢業後卻如魚得水，成為了獨占鰲頭的領導者。因為他們能適應周圍環境，抓住機遇。更重要的是，他們善於掌握和調整自己的情緒，善於掌握和適應領導者的願望和要求，善於處理自己周圍的人際關係，所以他們成功了。

　　在美國流行一句話：「智商決定錄用，情商決定提升。」情商之所以能決定一個人的命運，取決於它的四個作用：

◇ 情商具有調節情緒的功能

　　人們在準確辨識自我情緒的基礎上，能夠透過一些認知和行為策略，有效地調整自己的情緒，使自己擺脫焦慮、憂鬱、煩躁等不良情緒。比如有人在跳舞時能體驗到快樂的心情，找朋友談心可以產生正面的情感等。當人們情緒不佳時，就可以採取這些方式迴避負面的心情，使自己維持正面的情緒狀態。

生活中有不少人因為一點小事便陷入負面的情緒之中，或垂頭喪氣，或憂愁煩悶，或大發雷霆，或三心二意，或動搖不定……從而使自己具有的智力不能得到充分的發揮，潛力更是難以激發。其實，他們只要利用自己的情商，就能有效地調控自己的負面情緒，讓自己擁有一個良好的心態，專注於生活和事業。

情商讓你學習審視和了解自己，學會怎樣激勵自己，能夠從容地面對痛苦、憂慮、憤怒和恐懼的情緒，並能輕而易舉地駕馭它們。就像哈佛大學的校訓說的那樣：「請享受無法迴避的痛苦。」

◇ 情商在解決問題時能影響認知效果

情商在人們解決問題的過程中，能影響認知的效果。情緒的波動可以幫助人們思考未來，考慮各種可能的結果，幫助人們打破框架，創造性地解決問題。

茫然的情緒會打斷人們正在進行的認知活動，但人們可以利用這種情緒，審視和調整內部或外部的要求，重新分配相應的注意力，把注意力集中於最重要的部分，從而抓住問題的關鍵，解決問題。所以，情商能激發動機來解決複雜的智力活動，充分發揮情緒在解決問題中的正面作用。

◇ 情商是一個基本的動機系統，
　　能為人生提供能量、動力

你的人生就如一輛全速行駛的列車，而你的情商能為它提供足夠的動力，決定它前行的方向。一個人事業上的成功，需要有正確的思考和

CLASS I　自制力，命運的主宰者

理念的指引。真正具有建設性的精神力量，蘊藏在左右人一生命運的各種情緒中。

　　無時無刻的精神行為，都會對命運產生決定性的影響。情商高的人生活更有效率，更易獲得滿足，更能運用自己的智慧獲取豐碩的成果。反之，不能駕馭自己情感的人，內心激烈的衝突會削弱他們本應集中於工作上的思考能力和操作能力。

◇ 情商是智商發揮作用的基礎

　　情商的高低，可以決定一個人的其他能力，包括智商能否發揮到極致，從而決定他有多大的成就。情商比智商更重要，如果智商更多地被用來預測一個人的學業成績的話，那麼情商則能被用於預測一個人能否取得事業上的成功。優異的學業成績並不意味著一個人在生活和事業中能獲得成功。成功不僅取決於一個人的謀略才智，在相當程度上還取決於他正確處理個人情感與別人情感之間關係的能力，也就是自我管理和調節人際關係的能力。

　　達爾文在他的日記中寫道：「老師、家長都認為我是平庸無奇的兒童，智力也比一般人低。」但他卻成了偉大的科學家。

　　愛因斯坦在一九五五年的一封信中寫道：「我的弱點是智力低，特別苦於記單字和課文。」但他卻成為世界級的科學大師。

　　亞歷山大・洪保德上學時的成績也不好，在一次演講中他說道：「我曾經相信，我的家庭教師再怎樣讓我努力學習，我也達不到一般人的智力水準。」可是，二十多年後他卻成為了傑出的自然科學家。

　　凱文・米勒（Kevin Millar）小時候學習成績不好，高中畢業時靠著體

育特長勉強進入芝加哥大學讀書。許多年後，在他公開的日記中有一段敘述：「老師和父親都認為我是一個笨孩子，我自己也認為，其他孩子在智力方面比我強。」可是，凱文・米勒經過多年的努力，卻成為了美國著名的洛茲集團的總裁。

現代研究已經證實，情商在人生的成功中起著決定性作用，智商只有與情商聯袂登臺，才能淋漓盡致地發揮作用。在不同領域卓有成就的人當中，有一部分人在校時被認為智商並不算高，但他們充分發揮自己的情商作用，最後獲得成功。

CLASS I　自制力，命運的主宰者

Test 1：你的情緒穩定嗎？

1. 看到自己最近一次拍攝的照片，你有何想法？

    A・覺得不滿意　B・覺得很好　C・覺得可以

2. 你是否想到若干年後會發生一些使自己極為不安的事？

    A・經常想到　B・從來沒有想過　C・偶爾想到過

3. 你是否被朋友、同事或同學起過綽號、取笑過？

    A・這是常有的事　B・從來沒有　C・偶爾有過

4. 你上床以後，是否經常再起來一次，看看門窗、瓦斯爐是否關好？

    A・經常如此　B・從不如此　C・偶爾如此

5. 你對與你關係最密切的人是否滿意？

    A・不滿意　B・非常滿意　C・基本滿意

6. 半夜的時候，你是否經常覺得有什麼值得害怕的事？

    A・經常　B・從來沒有　C・極少有這種情況

7. 你是否經常因夢見什麼可怕的事而驚醒？

    A・經常　B・沒有　C・極少

8. 你是否曾經有多次做同一個夢的情況？

    A・有　B・沒有　C・記不清

9. 有沒有一種食物讓你嘔吐過？

Test 1：你的情緒穩定嗎？

A．有　B．沒有　C．記不清

10． 除了看見的世界外，你心裡有沒有另外的世界？

A．有　B．沒有　C．記不清

11． 你心裡是否經常覺得你不是現在的父母所生？

A．經常　B．沒有　C．偶爾有

12． 你是否覺得曾經有一個人愛你或尊重你？

A．是　B．否　C．說不清

13． 你心裡是否常常覺得你的家庭對你不好，但是你又確信他們的確對你很好？

A．是　B．否　C．偶爾是

14． 你是否覺得沒有人十分了解你？

A．是　B．否　C．說不清楚

15． 你在早上起床時最常有的感覺是什麼？

A．憂鬱　B．快樂　C．講不清楚

16． 每到秋天，你最常有的感覺是什麼？

A．秋雨霏霏，枯葉遍地　B．秋高氣爽，豔陽高照　C．不清楚

17． 你在高處的時候，是否覺得站不穩？

A．是　B．否　C．偶爾會這樣

18． 你平時是否覺得自己很強健？

A．否　B．是　C．不清楚

CLASS I　自制力，命運的主宰者

19. 你是否一回家就立刻把房門關上？

    A·是　B·否　C·不清楚

20. 你坐在房間裡把門關上後，是否覺得心裡不安？

    A·是　B·否　C·偶爾是

21. 當一件事需要你做決定時，你是否覺得很難？

    A·是　B·否　C·偶爾是

22. 你是否常常用丟硬幣、翻紙牌、抽籤之類的遊戲來測吉凶？

    A·是　B·否　C·偶爾

23. 你是否常常因為碰到東西而跌倒？

    A·是　B·否　C·偶爾

24. 你是否需要一個多小時才能入睡，或比你希望的時間早一小時醒來？

    A·經常這樣　B·從不這樣　C·偶爾這樣

25. 你是否曾看到、聽到或感覺到別人察覺不到的東西？

    A·經常這樣　B·從不這樣　C·偶爾這樣

26. 你是否覺得自己有超乎常人的能力？

    A·是　B·否　C·不清楚

27. 你是否曾經覺得有人跟著你走而不安？

    A·是　B·否　C·不清楚

Test 1：你的情緒穩定嗎？

28. 你是否覺得有人在注意你的言行？

    A・是　B・否　C・不清楚

29. 當你一個人走夜路時，是否覺得前面暗藏著危險？

    A・是　B・否　C・偶爾

30. 你對別人自殺有什麼想法？

    A・可以理解　B・不可思議　C・不清楚

計分方法：

以上各題的答案，選 A 得 2 分，選 B 得 0 分，選 C 得 1 分。請將你的得分統計一下，算出總分。

說明：

得分越少，說明你的情緒越佳，反之越差。

0～20 分，說明你的情緒穩定、自信心強，具有較強的美感、道德感和理智感。你有一定的社會活動能力，能理解周圍人的心情，顧全大局。你一定是個性情爽朗、受人歡迎的人。

21～40 分，說明你的情緒基本穩定，但較為深沉，對事情的考慮過於冷靜，處事淡漠消極，不善於發揮自己的個性。你的自信心受到壓抑，辦事熱情忽高忽低，易瞻前顧後、躊躇不前。

41～50 分，說明你的情緒極不穩定，日常煩惱太多，常使自己的心情處於緊張和矛盾之中。

51～60 分，則是一種危險訊號，你務必要請心理醫生做進一步的診斷。

CLASS I　自制力，命運的主宰者

CLASS II

了解自我

情商的核心前提是「認識自己」,辨認和開闊地接納自身的情感正是現代情商的組成部分。

—— 美國心理學家卡爾・羅傑斯(Carl Ransom Rogers)

CLASS II　了解自我

天堂與地獄的區別

　　在古希臘戴爾菲城的一座神廟裡，鐫刻著蘇格拉底的一句名言：認識你自己。它是這座神廟裡唯一的碑銘，希望人們在情緒產生的時候，能感知它的存在，進而有目的地調控它。

　　然而，認識自己並非易事，「不識廬山真面目，只緣身在此山中」講的就是這個道理。朋友有一次問我世界上什麼事最難，我說：「賺錢最難。」他搖頭。「哥德巴赫猜想？」他又搖頭。我說：「我放棄，你告訴我吧。」他神祕兮兮地說：「是認識你自己。」的確，連那些最富於思想的哲學家都這麼說。

　　我是誰？我從哪裡來、要到哪裡去？我為什麼要這麼做？我為什麼不高興？……這些問題從古希臘開始，人們就不斷地問自己，然而至今仍沒有得出令人滿意的答案。即便如此，人也從來沒有停止過對自我的追尋。

　　正因為如此，人常常迷失在自我當中，很容易受到周圍的暗示，並把他人的言行作為自己行動的參照。認識自己，心理學上叫自我知覺，是一個人了解自己的過程。在這個過程中，人更容易受到來自外界的暗示，從而出現自我知覺的偏差。

　　有這麼一個流傳很廣的故事：

　　好鬥的武士向一個老禪師詢問天堂與地獄的含義。

　　老禪師說：「你性格乖戾，行為粗鄙，我沒有時間跟你這種人論道。」

　　武士惱羞成怒，拔劍大吼：「你竟敢對我這般無禮，看我一劍殺死你。」

老禪師緩緩道：「這就是地獄。」

武士恍然大悟，心平氣和地收劍入鞘，伏地鞠躬，感謝老禪師的指點。老禪師又言：「這就是天堂。」

武士的頓悟說明，人在陷入某種情緒時往往並不自知，總是在事情發生過後，經過有意識的反省才會發現。其實，一個人的情緒是各式各樣的，情緒也是非常主觀的感受，人與人之間就有很大的差異性。

造成個體差異的原因可歸納為三個方面：

第一，人有天生氣質上的差異，如知覺反應不同，對內在、外在刺激的敏感程度就不同，情緒反應的強度也不同。同樣是被搶走玩具的幼兒，抗議的程度就不一樣。

第二，每個人都有不同的過去經驗，若曾遭受過強烈的外在傷害，相關的情景就比較容易引發相似的情緒。比如，被狗咬過的小孩，看到狗就比沒有此經驗的小孩容易害怕。

第三，人會形成自己獨特的認知結構，對事件的詮釋、評估不同，自然也會造成不一樣的情緒體驗。比如，當一個人走在路上，發現有路人注視自己，若認為此人有意挑釁，就會心生憤怒；若理解為此人在欣賞自己的穿著品味，則得意之情油然而生。

了解自我是天底下最難的事情。在日常生活中，人既不可能無時無刻去反省自己，也不可能總把自己放在局外人的位置來觀察自己。正因為如此，人們往往可以影響和改變他們所了解的東西，當想要認識自己、改變自己的時候，卻變得異常困難。

你是情緒的奴隸嗎？

如果你想利用你的情緒力量，就必須先了解它，這是一個非常重要

CLASS Ⅱ　了解自我

的原則。須知,你的情緒不是孤立的,也不是無法掌握的,你的思想能直接影響你的情緒。

情商首先表現為對自己情緒的辨識和評價,也就是對自己的情緒能及時地辨識,知道自己情緒產生的原因。

誰了解自己的情緒,就能充分合理地利用、操控、駕馭它們;誰要是不了解自己的情緒,就只能無助地任由它們擺布,成為情緒的奴隸。

其次,你要了解自己情緒的變化情況,也就是說在溝通中,什麼是觸動你某種情感的誘因,尤其是最強烈的感覺被觸動時,是什麼讓你感覺受到了激發。只要你能清楚地了解這些誘因,就能對溝通中發生的各種情況進行妥當的處理。當你知道是什麼使自己處於良好的狀態時,就能幫助你進入與別人的溝通中,在進行交談時就感覺自己受到了激發。

一般來說,高情商者都是透過以下兩種途徑了解自己的:

◇ 透過別人對自己的評價來認識自己

他人的評價比自己具有更大的客觀性。如果自我評價與周圍人的評價相差不大,就表明你的自我認知能力較好,反之,則表明你在自我認知上有偏差,需要調整。

然而,對待別人的評價也要有認知上的完整性,不可以自己的心理需求只注意某一方面的評價,而應全面聽取、綜合分析,恰如其分地對自己做出評價和調節。

透過別人的看法來觀察自己時,有些人為了獲得別人的良好評價而苦心迎合。但是,僅憑別人的一面之詞,把自己的個人情商建立在別人身上,會面臨嚴重束縛自己的危險。

◇ 自省 —— 透過生活閱歷了解自己

人生的棋局該由自己來下，不要從別人身上尋找自己，應該經常自省並塑造自我。

成功和挫折最能反映一個人的性格情緒，因此，你還可以透過自己成功或失敗的經驗教訓來發現自己的情緒特點，在自我反省中重新認識自我，掌握自己的情緒走向。

善於了解自己情緒的人，大多善於將自己的情緒調節到一個最佳位置，調協或順應他人的情緒基調，輕而易舉地將他人的情緒納入自己的航道。這樣一來，在交往和溝通中就會一帆風順。

強而有力的領袖人物、富於感染力的藝術家，他們都能敏銳地意識和控制自己的情緒表達，不斷調整自己的社會表演。他們類似於高明的演員，能調動成千上萬的人與自己一同起舞。

當你開始觀察和注意自己內心的情緒體驗時，具有正面作用的改變就會悄然發生，那就是情商的作用！

高情商者往往能有效地察覺出自己的情緒狀態，理解情緒所傳達的意義，找出某種情緒產生的原因，並對自我情緒做出必要的、恰當的調節，始終保持良好的情緒狀態；低情商者則因不能及時意識到自我情緒產生的原因，而無法有效地進行控制和調節，致使負面情緒影響心境，久久不退。

在生活中，有的人樂觀向上，有的人卻悲觀絕望，原因就在於他們觀察和處理自己情緒的方式不同。心理學家邁耶（Adolf Meyer）將人們觀察和處理自己情緒的方式分為以下幾種類型：

CLASS II　了解自我

◇ 自我知覺型

　　一旦情緒出現，自己便能察覺。這種人的情緒複雜豐富，心理健康，人生觀積極向上，能有效地管理自己的情緒。情緒低落時絕不輾轉反側，沉浸其中。

◇ 難以自拔型

　　這種人捲入情緒的低潮中無法自拔，任憑情緒主宰。情緒多變，反覆無常，而又不自知，常常處於情緒失控狀態，精神極易崩潰。

◇ 逆來順受型

　　這種人很了解自己的感受，接受並認可自己的情緒，但並不打算去改變。逆來順受型又分為兩種：樂天知命型──整天開開心心，自然不願也沒必要去改變；悲觀絕望型──雖然意識到自己處於不良的情緒狀態中，但採取不抵抗主義，憂鬱症患者就屬於這種類型，他們在自己的絕望痛苦中坐以待斃。

　　高情商者是自我知覺型的人，他們了解自己的情緒，對自己的情緒狀態能進行認知、察覺和控制。他們具備自我意識，注意力不因外界或自身情緒的干擾而迷失、誇大，或產生過度反應，具有在情緒紛擾中保持中立自省的能力。

情緒是發電機

在我們所做的諸多決定當中,有許多會受到感情的影響。由於我們的感情可能為我們帶來偉大的成就,也可能導致我們失敗,所以我們要學會控制自己的感情。首先應該做的就是了解對我們有刺激作用的感情有哪些。我們可將這些感情分為七種負面情緒和七種正面情緒。

七種負面情緒分別為:恐懼、仇恨、憤怒、貪婪、嫉妒、報復、迷信。七種正面情緒分別為:愛、性、希望、信心、同情、樂觀、忠誠。

以上十四種情緒,正是你人生計劃成功或失敗的關鍵,它們的組合既能意義非凡,又能混亂無章,完全由你決定。

上面每一種情緒都和心態有關,這些情緒實際上就是個人心態的反映,而心態又是你可以組織、引導和完全掌控的對象。

你必須控制你的思考,對思考中產生的各種情緒保持警覺性,並且視其對心態的影響是好是壞而接受或拒絕它。樂觀會增強你的信心和彈性,而仇恨會使你失去寬容和正義感。如果你無法控制自己的情緒,你的一生將會因不時的情緒衝動而受損害,所以我們必須學會控制自己的情緒。

當你產生負面情緒的時候,不妨找一個環境獨處,「聆聽」自己的情緒,深入地體會自己正經歷的感受是什麼。是內疚、怨恨、害怕、驚訝,還是哀傷?人的情緒不是單一的,常常是幾種情緒混雜在一起。

這時,你要仔細分辨一下:究竟哪種情緒是你目前最主要的情緒,並留意自己此時的身體反應。然後,你需要與情緒「對話」。你的感受一定不是沒有原因的。或許你並不知道這個確切的原因是什麼,這時,你

CLASS II　了解自我

不妨問自己以下幾個問題：

　　—— 我怎樣形容自己的情緒？

　　—— 是什麼人（事）使我有這樣的感受？為什麼？

　　—— 我的情緒與事實成正比嗎？

　　—— 這些情緒與過去的經歷有關嗎？

　　—— 我允許自己有這樣的情緒嗎？如果不允許，為什麼？

　　最後一個問題常常使我們發現，有些感受是我們不願承認的，因為這樣會暴露自己的「弱點」。比如，這幾天你不太高興，經過探索，你發現是一位同學借你的東西沒還，使你感到很氣憤。可是，你不願意承認，因為這種情緒會使你覺得自己「小心眼」。這時，最重要的是要提醒自己，你也是人，自然有「人之常情」的反應。如果你多和別人交流，就會發現，其實別人也有相同或類似的感受，只不過大家都不敢承認罷了。

　　向可信賴的朋友傾訴，會幫助我們接納自己的情緒。當我們能夠了解和接納自己的情緒時，情緒的困擾差不多已經解決了一大半。然而，情緒其實只是一個指標，它告訴我們現在正處於怎樣的現實。所以要想真正徹底地面對自己的情緒，有時我們還需要改變一些不太正確的想法，調整一些日常的生活習慣，或重建與某人的關係。

　　香港突破機構的副總幹事多年從事青少年心理輔導工作，他在一本有關情緒的小冊子中用了四個形象的比喻來描述情緒，可能會對你了解並控制人類的十四種基本情緒有所幫助。

◇ 「保全系統」

情緒好像是我們心理上的保全系統。一旦身邊的事或人對我們的身心造成威脅，這個保全系統就會發揮作用，發出相應的警報訊號。這樣，我們就可以及時地採取適當的應對措施保護自己，不致受傷。

如果遇到危險的情況，這個保全系統就會產生恐懼情緒，迫使我們要不躲避，要不抵抗；如果有人傷害你的自尊，你的心裡一定先是鬱悶，然後變為憤怒，這個保全系統就會提醒你必須尋求舒解；如果我們做錯了事，內心就會感到內疚和自責，這些情緒又會驅使我們糾正自己的行為，為自己的錯誤做些補償。

當然，這個保全系統也有失靈的時候。它可能會反應過敏，小小的刺激便警報大鳴，也可能對危險和過失漸漸麻木，毫無反應。所以，我們需要經常自我反省，校正自己的價值觀。只有摒棄不正確的態度，才能保持這個保全系統正常運行。

◇ 「發電機」

情緒好像是發電機，它可以源源不斷地產生能量，用以推動人的各種活動，使我們擁有一個積極進取並且對社會有所貢獻的人生。比如有力、勝任、勇敢、自信、愉快、感激、同情、安穩、關懷和被愛等，令人心情舒暢的感受，有人將其稱之為動力性情緒。

然而，情緒是不能分割的，我們不可能只感受快樂的情緒，把不快樂的情緒一併拋開。在我們的生命中，我們不可避免地要產生一些令人不快的情緒，比如憤怒、怨恨、急躁、不滿、憂鬱、痛苦、被拒絕、失意、焦慮、恐懼、嫉妒、羞愧、內疚等，有人將其稱之為耗損性情緒。

CLASS II　了解自我

這些情緒在一定程度上會消耗我們的能量。

但是，這些負面的感受若不過量，還是有其正面價值的。在感受痛苦的同時，我們也得到探索和成長的機會。當然，如果我們的生命中充滿耗損性情緒，大部分的能量被白白地浪費了，這部發電機就不能發揮出應有的功效。

◇「編織的彩毯」

情緒又好像一塊編織的彩毯，全看你自己喜歡多用哪種色彩。如果你偏愛用灰黑色的毛線，你織出的毯子就會黯淡無光；如果你只用白色，毯子就會變成一片單調的空白；如果你善於使用各種顏色，你就會織出一塊色彩繽紛的彩毯。

同樣的道理，你若容許自己自然流露各種情緒，既不壓制和埋葬情緒，也不將自己淹沒在情緒的低潮中，你的人生也必定像一塊彩毯，活得很有色彩。

◇「化學作用」

情緒好像會發生化學作用。在人與人的交往中，不同的情緒交織在一起，會產生不同的關係。若在彼此交往中充滿仇恨、嫉妒、自私、傲慢等情緒，這種關係就會令人不寒而慄、退避三舍。反之，若人際關係中多一些愛、多一點寬容和體諒，這樣交往的群體會迸發出無比的感染力。

可見，在我們的生命中，情緒總是伴隨於我們的左右。若能恰當地

處理，這些經歷可以為我們的生命新增色彩，成為生活中的享受。反之，情緒可能會成為我們的負擔，侵蝕我們的生命。

然而，恰當地處理情緒並不意味著你要時時刻刻使自己快樂。實際上，那些負面情緒能為我們的成長提供契機。為了成長，我們必須經歷一個逐漸反省情緒的過程。有了成熟的反省，我們才能經得起情緒的衝擊，才能不做情緒的奴隸。

CLASS II　了解自我

人生情感的晴雨表

你的情緒會不會起伏不定？當然會了。

有些時候你恨不得鑽進地洞藏起來，遠離這個世界。你一身晦氣，做什麼都不成功，一樁生意也談不成，無聊透了，對不對？還有一些時候，你一帆風順。從起床開始，你好像戴上了玫瑰色的眼鏡，充滿了歡樂，周圍的一切都是那麼可愛，事事順心如意。

就像一年有四季變化一樣，人的情緒也有週期。所謂「情緒週期」，是指一個人的情緒高潮和低潮的交替過程所經歷的時間。它反映了人體內部的週期性張弛規律，亦稱「情緒生物節律」。當人們處於情緒週期的高潮時，會表現出強烈的生命活力，對人和藹可親，感情豐富，做事認真，容易接受別人的規勸，常感到心曠神怡；若處於情緒週期的低潮，則容易急躁和發脾氣，易產生反抗情緒，喜怒無常，常感到孤獨與寂寞。

人類的情緒週期也是我們要面對的一個重要週期。幾年前，加州大學（University of California）的雷克斯·赫西教授進行了一項科學研究，結果表明，人類的情緒週期平均為五周。也就是說，一個人的心情由高興降到沮喪，再回到高興，往往需要五周的時間。

也許你的情緒週期較長或較短，不過你一定希望了解自己的高潮期與低落期。下面介紹一種簡便的製表方法，可以幫助你找到自己的情緒韻律。方法如下：

以一年中的某個月為例，直列為一號、二號、三號……三十號（或三十一號），橫排為不同的情緒指數，包括興高采烈、愉悅快樂、感覺不

錯、平平常常、感覺欠佳、傷心難過、焦慮沮喪。

每天晚上花時間想想當天的情緒，在與之相符的一欄裡做上記號。過些日子，把這些記號連結起來。不久你就會發現一個模式。這就是你的情緒韻律。這項測試通常很準。

再過幾個月，你就會驚奇而準確地知道，什麼時候你的高潮期將至，什麼時候你得小心低潮期的到來。知道了這一點後，你就可以預測自己的情緒變化，並相應地調整自己的行為。情緒高昂時，注意不要隨意承諾，一定要三思而後行；情緒低迷時，不妨鼓勵自己，這種情況很快就會過去。

情緒週期是人生情感的晴雨表，我們可據此安排好自己的人生規畫。情緒高漲時安排一些難度大、較繁瑣的任務，而在情緒低落時多出去走走，多參加體育鍛鍊，放寬心情，進行一些健康向上的活動，有了煩心的事多向親人、同學、朋友傾訴，尋求心理上的支持，安全地度過情緒危險期。

同時，遇上低潮和臨界期，我們要提高警惕，運用意志加強自我控制。你也可以把自己的情緒週期告訴自己最親密的人，一方面讓他（她）提醒你，幫助你克服不良情緒，另一方面避免不良情緒帶來誤會。

◇ 男人的情緒週期

劉女士來到心理門診向醫生訴說：「我老公什麼都好，就是有時莫名其妙地朝我和兒子發飆。奇怪的是每到月底基本上都是這樣，不知道到底發生什麼事。」

醫生告訴劉女士：「這是男人情緒週期中處於低潮期的一種表現。」

CLASS II　了解自我

其實,每位男子在每個月都有這麼幾天心理週期,像女子的生理期那樣準時,所以不少專家稱其為男人的「生理期」。

如果為妻者不了解男人的這一特性,愛情就會在這個時候遭受到莫名其妙的打擊。你會發現,在沒有任何明顯的理由的情況下,心愛的男人會突然疏遠自己。他好像很冷淡,甚至不願意跟你說話,總是躲在一邊,或者看書,或者看電視。當你努力接近他時,他的反應也令人難以接受。如果你以為愛情就此結束,那就錯了。事實上,這是男人的週期性問題。這既非他的錯,也非你的錯。

某精神衛生中心指出,每個人都有一定的生物節律,只不過有些人的節律明顯,而有些人不明顯。不少男性在某段時間內心情煩悶,恰恰就是一種週期性的情緒低潮現象,這是由人的生物屬性決定的。一般人的情緒低潮一個月左右出現一次,在這個時期出現心情煩悶、無故發怒等是很正常的。

男性們可以透過半年左右的時間來尋找自己的「生理期」規律,在情緒週期到來之前把工作妥善安排好。必要時參加一些輕鬆愉快的活動以調節自己的情緒。

為什麼正常人也會間歇性地發生不同程度的心理異常呢?其「病因」主要有三:

一是在你與周圍世界的「碰撞」中,不可避免地要產生各種負性情緒,當情緒累積達到一定程度時,容易出現身心失衡,需要透過適當的方式來宣洩;二是工作和生活壓力超過身心所能承受的負荷,激起情緒的「抗議」;三是天象的影響,比較明顯的是潮汐,月亮的盈虧會使人的「情緒之海」出現起伏。

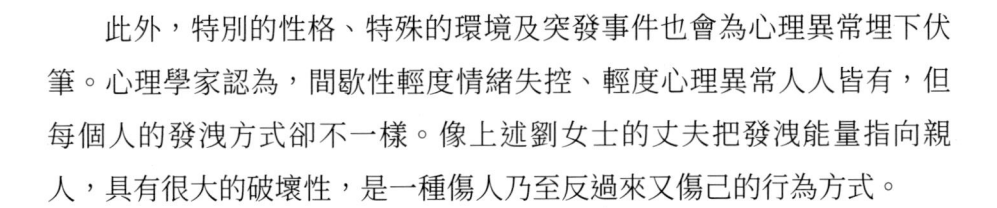

此外，特別的性格、特殊的環境及突發事件也會為心理異常埋下伏筆。心理學家認為，間歇性輕度情緒失控、輕度心理異常人人皆有，但每個人的發洩方式卻不一樣。像上述劉女士的丈夫把發洩能量指向親人，具有很大的破壞性，是一種傷人乃至反過來又傷己的行為方式。

◇ 女人的情緒週期

女人生理期前的一個星期左右以及經期間，身體通常會感到不適，或出現種種毛病。例如腹脹、便祕、肌肉關節痛、食慾增加、容易疲倦、長粉刺暗瘡、胸部脹痛、頭痛、體重增加等，有些人還會顯得沮喪、神經質及容易發脾氣等。

以上種種與經期有關的症狀，醫學上稱之為「經前症候群」。形成原因有很多，主要是跟體內的激素變化有關。一旦體內的雌激素、腎上腺素等激素出現變化的話，馬上會影響到心理情緒及生理上的改變。

建議你在日曆上記下你的情緒週期，一旦出現憂鬱、焦躁不安、想發脾氣的情況，立即看看是否情緒週期到了。那樣就可以幫助自己舒緩情緒，冷靜平和下來，自在地度過每月一次的煩惱。

你的顧客或者家人也同樣有情緒週期。你興高采烈時，別人可能正垂頭喪氣，對你的想法不屑一顧，此時你千萬別讓自己洩氣，幾天以後那個人可能就變得開心起來，對你的想法大加讚賞。

CLASS II　了解自我

你屬於哪一種糖？

你家門前那條路上依次排列著四家服裝店，你會經常光顧哪一家服裝店購物？

選擇第一家的人最理性，喜怒不形於色，自制力強，反應速度慢，情緒平穩，行為內向沉著，做事有條理，不善言談，人際交往適度，熱衷於完成需要意志力和注意力的任務和工作。不過，有時顯得不近人情和冷漠，缺少變通性。這類人有壓抑自己情緒的傾向，一旦失控非常可怕，不發脾氣則已，一發便不可收拾。

選擇第二家的人最感性，喜怒形於色，自制力差，跟著感覺走，不會自我克制，容易感情用事，脾氣暴躁，心境變化劇烈，行為外向熱情，精力旺盛，能夠長期工作而不知疲倦，攻擊性強，遇到挫折容易心灰意冷，不太顧及別人的感受，有時顯得以自我為中心。

選擇第三家的人比較敏感，但沉著冷靜，情緒體驗深刻而細膩，行為內向，做事認真細緻，不喜歡跟人交往，愛獨處，總是考慮別人的感受，有時顯得多愁善感，內心防禦性較強。

選擇第四家的人開朗活潑，率真，善於交際，行為外向，注意力很容易受到外在環境的影響，也能夠較快地適應外界環境的變化，情緒不穩定，興趣多變，反應敏捷。

如果可以選擇多家，你會選擇哪幾家呢？

選擇第一家和第三家的人性格內向，情緒穩定，但總是壓抑自己的情緒，容易出現憂鬱情緒。

選擇第二家和第四家的人性格外向，情緒不穩定，喜怒形於色，通常不會壓抑自己的情緒，但容易焦慮，甚至出現躁狂情緒。

　　選擇第一家和第二家或者選擇第三家和第四家的人的情緒性格比較接近，他們的內心衝突比較多，常常自尋煩惱。

　　選擇全部四家的人情緒比較平穩，性格比較中性，不易受負面情緒的長期影響。

　　上面的測試可以當成了解自己的一幅情緒地圖，下面的這組糖果遊戲也有同樣的效果，看你屬於哪種。

　　都說戀愛像糖果，其實工作也一樣，都是放在手裡怕融化，一口吞掉又不甘心，唯有看準了、挑對了，方才含在口裡慢慢品味，有時甜在心頭，有時酸得皺眉，有時苦得掉淚……如此這般，亦是心甘情願。那麼，你屬於職場糖果盒裡的哪一種呢？

◇ 熱力無限的巧克力

　　初出茅廬的你性格開朗，愛表現，對工作懷有極大的熱情，一旦受到賞識，就會使出渾身解數，完全投入，對於具有挑戰性的工作更有興趣。渴望儘早得到同事們的認可和接納，人際關係尚佳。不過，青澀的你熱情過度，卻欠缺經驗，小心欲速則不達。

◇ 千柔萬韌的麥芽糖

　　毫不起眼的你是辦公室裡的老黃牛，能力出眾卻不善與人交流，總是默默無聞地做著分內的事。於是，外表冷硬，對工作過分投入使得同

CLASS II　了解自我

事們對你敬而遠之卻又不得不常來請教。而且,對工作過於苛刻難免有鑽牛角尖的嫌疑。或許你可以躲過裁員,卻很難得到晉升的機會。

◇ 玩性十足的棒棒糖

擁有活潑可愛的形象,孩子氣使你人緣極佳。在工作中很活躍,常以較輕鬆的態度面對難題,能鼓勵同事積極向上,不貪功,不讓人感覺到有威脅。但是真正重要的工作常常輪不到你來做,玩性太大,不成熟是你最大的軟肋。要是運氣差一點,遇到一個老油條上司,前途更是一片黯淡。

◇ 新鮮熱辣的生薑糖

脾氣火暴、個性突出的你,業務能力無可挑剔,但做事讓人無法捉摸。對喜歡的工作有狠勁,出手極少失誤,開拓性極強,非常適合打江山和解決突發性事件。可惜突出的個性加上口無遮攔,得罪人便成了常事。

◇ 撥雲見日的夾心糖

也許你見多了職場裡的風風雨雨,所以把自己掩藏得很深,對待工作也只是盡本分,有能力但不主動。表面上八面玲瓏,卻很難和同事們深交,老闆對你的忠誠度也略有懷疑。所以,你得調整好心態,正面主動一些。這樣上司的信任和相應的薪水才會接踵而至。

參考他人的評價

常會遇到這樣一類人，他們身上有些缺點那麼令人討厭：他們或愛挑剔、喜爭執，或小心眼、好忌妒，或懦弱猥瑣，或浮躁粗暴……這些缺點不但影響他們的事業，而且還使他們不受歡迎，無法與他人建立良好的人際關係。

許多年過去了，這些人的缺點仍絲毫不改。細究一下，這些人心地並不壞，他們的缺點未必都與道德品質有關，只是他們缺乏自省意識，對自身的缺點太麻木。本來別人的疏遠、事業的失利都可作為對自身缺點的一種提醒，但都被他們粗心地忽略，因而妨礙了自身的成長。

了解那些經常與你接觸的人對你的評價，是一個人了解自己情緒的重要途徑。你可以邀請父母或者其他經常與你在一起的人用一些形容詞描述你的特點：

父親眼中的我：

母親眼中的我：

祖父眼中的我：

祖母眼中的我：

老師眼中的我：

朋友眼中的我：

……

不過，他人對你的看法只是供你做參考的。有時候我們會發現來自他人的破壞性評價會對自己產生不利的影響，這時就需要你認真分辨，

CLASS II　了解自我

小心「巴納姆效應」（Barnum effect），不要讓一些錯誤的評價影響你對自己的信心。

親愛的讀者，我們未曾謀面，但有遙測能力的我卻能說出你的性格脾氣，你信不信？

你是一個非常非常需要別人好評的人，你希望有人喜歡你、欣賞你，但你對自己的種種情況還不甚滿意；你的內心蘊藏著巨大的能量，但你還沒能將這些能量完全釋放出來；儘管你平時遵紀守法，可是很多時候還是免不了有些牴觸情緒；你也常有些煩惱，會產生動搖猶豫，可在關鍵時刻還是自己拿主意的；你有時和藹可親、平易近人，能與人侃侃而談，有時卻顯得內向靦腆、小心謹慎，克制自己的言語舉止；你有好多美好的理想，可其中的不少都缺乏現實性……

怎麼樣，我說的是不是一針見血？

看了上面的這段文字，你是不是覺得很有道理？其實，幾乎每個人都會這麼想，這些模稜兩可又充滿辯證色彩的話幾乎適合每一個人。心理學家把人們樂於接受這種概括性性格描述的現象稱為「巴納姆效應」。你平時所了解的所謂「星座」與性格的預測，乃至各種「算命」的解釋也就是利用這種效應。

「巴納姆效應」一方面揭示我們的認知心理特點，另一方面也迎合我們認識自己的欲望。事實上，認識他人難，認識自己更難。

有一位漂亮的長髮公主，自幼被巫婆關在一座高塔裡，巫婆每天對她說：「你的樣貌很醜，見到你的人都會害怕。」公主相信了巫婆的話，怕被別人嘲笑，不敢逃走。直到有一天一位王子經過塔下，稱讚公主貌美如仙並救出了她。

參考他人的評價

其實,囚禁公主的不是高塔,也不是巫婆,而是公主認為「自己很醜」的錯誤認知。我們或許也正被他人所矇蔽,比如父母、老師說你笨,沒有前途,你也就相信了,此時的你不就像那位長髮公主一樣嗎?

有人認為得了不治之症是人生最大的悲劇,也有人認為沒考上大學是人生最大的不幸。其實,我們最大的悲劇與不幸在於我們活著卻不知自己有多大的潛能和應該做什麼。不了解自己,偏又想知道自己,於是很多人就選擇算命、拆字、看手相等探測自己命運祕密的玄虛遊戲。

CLASS II　了解自我

神祕的第六感

第六感是人類在進化中沉澱下來的一種直覺，它綜合人類進化過程中不同場景下的不同情緒特徵。一旦場景有異，人的第六感會馬上做出反應，人便會產生同類的情緒反應，或焦躁，或恐懼，或憤怒，或快樂……從而迫使人認清自己，做出適當的反應和行動。

下面是《紐約時報》專欄作家高曼在一本書上描述的第六感：

有一座橋在我孩提時印象非常深刻。一天下午，老師帶著我們在橋上玩，我現在仍然記得，那天我和傑米因爭論橋的年齡而被老師表揚，說我好學。

如今的每天，我都要從這座橋上至少走兩次，當然，是駕車經過。

秋日的午後，我回家取一樣東西，在離橋還有六百公尺的時候，感覺橋似乎抖了一下。一種奇怪的感覺攫住了我，也就在同時，我感覺很噁心，好像要嘔吐。

於是我把車停在了路邊，打開車窗，呼吸新鮮空氣。突然橋發出了巨大的聲音，它斷了！接下來的事我無法描繪出來，但肯定是人類不多見的災難場面之一。

恐懼衍生的謹慎救了我一命。像兔子嗅到從狐狸身上飄過的氣息就立刻屏氣斂神，像哺乳類動物一見到覓食的恐龍便四散逃匿，一種內在的警覺控制了我，迫使我停車，多加小心，警惕步步逼近的危險。

高曼認為，幾乎所有的情緒都是配置好的程式，是驅動人們應對環境、即刻行動的反應衝動。其實，人類的每一種情緒反應都有其獨特功能，各有其不同的生物特徵。以下就是高曼列舉的促使有機體做出不同反應的情緒生理機制：

◇ 人在憤怒時

血液湧向手部，便於抓住武器，擊打敵人。此時心率加快，腎上腺素等激素分泌猛增，注入血液，產生強大的能量，應付激烈的行動。

◇ 人在恐懼時

血液流向大骨骼肌，如流向大腿，以便於奔跑。臉部則因缺血而變得慘白，同時會有血液流失的「冰冷」感覺。

可能有一瞬間軀體僵化，也許是爭取時間來衡量藏匿是否為上策。大腦的情緒迴路中樞激發大量激素，使軀體處於全面警戒狀態，一觸即發，密切注視逼近的威脅，隨時採取最佳反應行動。

◇ 人在快樂時

大腦中樞抑制負面情緒的部位被啟動，產生憂慮情緒的部位則沉寂，準備行動的能量增加。不過，除了這種靜止狀態外，並無其他特殊的生理變化，這將有利於機體從負面情緒的生理激發狀態迅速恢復。

◇ 人在放鬆時

副交感神經系統主要是放鬆反應，使整個機體處於一種平靜和滿足的狀態，樂於合作、配合。愛、溫柔、性滿足都能啟用副交感神經系統，在生理反應上剛好與恐懼和憤怒引發的戰鬥或逃跑反應相反。

CLASS II　了解自我

◇ 人在驚訝時

眉毛上揚，擴大了視覺的搜尋範圍，視網膜上接收到更多的刺激，可獲取意外事件的更多消息，有助於更準確地判斷事件性質及策劃最佳行動方案。

◇ 人在厭惡時

上嘴唇歪向一邊，鼻子微皺。這種表情幾乎全世界都一樣，它明白無誤地顯示出：某種氣味令人噁心。達爾文認為，這是為了關閉鼻孔，阻止人體吸入某種令人厭惡的氣味，或欲張嘴嘔出有毒食物。

◇ 人在悲哀時

悲哀的主要功能是幫助調適嚴重的失落感，調適諸如最親近的人逝去或遭遇重大失敗等時產生的情緒。悲哀減退生命的活力與熱情，對消遣娛樂已全無興致，機體的新陳代謝也因之減慢，為人提供一個反省的機會：悲悼所失。同時細嚼生命希望之所在，重聚能量，重整旗鼓，從頭再來。

如果一個人發現自己正處於類似的能量暫時衰退階段，最好留在家裡，因為此時自己較脆弱，易受傷害。其實這是一種安全保護機制。這一機制不僅可使機體以逸待勞，而且還有養精蓄銳之意，可隨時迎接一切挑戰。

所以，當你身處某個場合，剎那間有以上所列舉的特別的感受時，一定不要輕易否定它，它或許就是你心情最精確的表現。

很多時候，人們在尚未知覺有某事發生之前，就已出現該種感受的生理反應。舉例來說，當怕蛇的人看到蛇的圖片時，可觀察到他皮膚上有汗水冒出，這是焦慮的徵兆，但這個人並不一定感覺害怕。當圖片只是快速閃過時，他甚至沒有明確意識到自己看見了什麼，當然也不可能感到焦慮，但仍然會出現冒汗的現象。

當這種潛意識中的情緒刺激持續增強時，終將突顯於意識層。人們都有有意識和無意識兩層情緒，情緒到達意識層的那一刻，表示在前額葉皮質留下了紀錄。

在意識層之下，某些激昂沸騰的情緒會嚴重影響人們的反應，雖然他對此可能渾然不覺。比如說，你早上出門時摔了一跤，到公司時好幾個小時都因此煩躁不安，疑神疑鬼，亂發脾氣。但你對這種無意識層的情緒波動一無所察，別人提醒你時，你還頗為驚訝。

一旦人的這種反應上升到意識層，便會對發生的事重新評估，決定是否拋開早上的事帶來的不愉快，換上輕鬆的心情。從這一意義來看，人們剛好可以在情緒的自我意識的基礎上建立一種情商，即走出惡劣情緒的能力。

CLASS II　了解自我

和自己的關係

著名作家威廉・斯泰倫（William Styron）在自述嚴重憂鬱的心境時，曾有十分生動的描述：「我感覺似乎有另一個自我與我相隨——一個幽魂的旁觀者，心智清明如常，無動於衷，帶著一絲好奇，旁觀我的痛苦掙扎。」

有些人在自我察覺時，的確對激昂或困擾的情緒瞭然於胸，從自身向周邊邁開一步，彷彿另一個自我在半空中冷眼旁觀。「我在憤怒面前不能自已了！」有人這樣描述自己當時的情緒。

在這種場景中有兩個「我」：一個身臨其境怒火中燒的「我」（真實的自己），一個旁觀的「我」。旁觀的「我」以局外人的身分來觀察自己，來評判自己的情緒。這個時候他與真實的自己之間存在某種程度的距離，是以一種鳥瞰的方式來打量自己，與自我保持一定的距離，能夠更清楚地了解自己真實的情緒。

每當你受到刺激需要發洩時，便可試著先強制自己冷靜，然後在腦子裡迅速幻想出一個內心的旁觀者，這個人可以是潛在的自我，也可以是另外一個人。想像他就在你旁邊，在注視著你的表演，看你如何發洩不滿，而他的內心正在嘲笑你。這時你便會覺得自己的行為有多麼不理智，你就會重新審視自己的行為，從而找到一個正確的處理辦法。

其實做一個內心旁觀者，並不只是在有不良情緒時才需要自我分離，可以隨時設定給自己這樣一個觀察自己的影子，來審視自己一段時間的行為。

寬容、上進、樂觀等都是人們心中嚮往的正面品格，自私、嫉妒、憤怒等都是人們不屑或予以摒棄的不良情緒，然而大多數時間人們卻被這些不良情緒所困擾。因為這些不良情緒合乎人們的生理欲望，極易出現。一個想法就可能導致你陷入某種情緒困境，而人的大腦每天要有五萬個想法產生，隨之而來的情緒狀況可見一斑，人如此複雜，如果沒有一個良好的心態來駕馭，後果可想而知。

而駕馭這些情緒的關鍵就是自我反省、自我審視，做一個內心旁觀者，把最好的一面留給別人。其實很多引起人不良情緒的事情換個角度考慮一下，或做一下換位思考，壞事便也許是件好事。「禍兮，福之所倚」，好多情況正是因為我們不善於做內心旁觀者，被一時的情緒所矇蔽，而導致當局者迷，使好事變糟。

CLASS II　了解自我

WHWW

　　自省是自我對動機與行為的審視與反思，是淨化自我心靈的一種手段，情商高的人最善於透過自省來了解自我。

　　從心理上看，自省所尋求的是健康正面的情感、堅強的意志和成熟的個性。它要求消除自卑、自滿、自私和自棄，摒除憤怒等負面情緒，增強自尊、自信、自主和自強，培養良好的心理品質。自省是一種積極向上的心理，是人格上的自我認知、調節和完善。自省和自滿、自傲、自負相對立，也全然不等於自悔、自卑這種負面病態的心理。

　　哲學家亞里斯多德認為，對自己的了解不僅是最困難的事情，而且也是最殘酷的事情。自我省察對每一個人來說都是很難的。要做到真正認識自己，客觀而中肯地評價自己，常常比正確認識和評價別人困難得多。

　　人有時會在腦子裡閃現一些不好的想法，在觸及自己某些弱點、某些卑微意識時，往往會令人非常難堪、痛苦。不論是對自己、對自己的偏愛物，還是對自己的民族傳統、對自己的民族歷史，都是如此。

　　心平氣和地對他人、對外界事物進行客觀的分析評判，這不難做到。但當這把手術刀伸向自己的時候，就未必能讓人心平氣和、不偏不倚了。

　　然而，自我省察是自我超越的根本前提。要超越現實水平上的自我，必須首先坦白誠實地面對自己，對自身的優缺點有個正確的認知。強者在自省中認識自我，在自省中超越自我。自省是促使強者塑造良好心理品質的內在動力。

　　任何只停留在外表的修飾美化，如改變口才、風度、衣著等，都無

法使人真正得到成長。要徹底改變並成長為一個真正的強者，必須有一顆堅強的心來支撐你去經歷更高層次的蛻變。一個真正成熟的人應該在充分理解客觀世界的同時，充分看透自己。

在每個人的精神世界裡都存在矛盾的兩面：善與惡、好與壞、創造性和破壞性。你將成長為怎樣的人，外因當然發揮作用，但你不斷地反思，不斷地在靈魂世界裡進行自我揚棄，這種內省行為所起的作用也是不能低估的。

一個人在自己的生活經歷中，在自己所處的社會境遇中，能否真正認識自我、肯定自我，如何塑造自我形象，如何掌握自我發展，如何掌控正面或負面的自我意識，將在相當程度上影響或決定著一個人的前程與命運。換句話說，你可能渺小而平庸，也可能美好而傑出，這在相當程度上取決於你能否反省，能否充分地認識自己。

認識自我是每個人自信的基礎與依據。即使你處境不利、遇事不順，但只要你的潛能和獨特個性依然存在，你就可以堅信：我可以成功。

一九九四年，心理學家日莫曼提出著名的關於自我意識和自我掌控的「WHWW」結構。「WHWW」分別是「Why」（為什麼）、「How」（怎麼樣）、「What」（是什麼）、「Where」（在哪裡）的第一個字母。日莫曼認為，與人的其他活動一樣，自省也可以對「為什麼」、「怎麼樣」、「是什麼」和「在哪裡」這四個基本問題進行分析。

◇ 在「為什麼」問題上

自我意識和自我控制的內容是動機，所解決的任務是對是否參與進行決策，體現個體內部資源的特徵屬性。

CLASS II　了解自我

◇ 在「怎麼樣」問題上

自我意識和自我控制的內容是方法、策略，所解決的任務是對方法、策略進行決策，體現個體計劃與設計的屬性。

◇ 在「是什麼」問題上

自我意識和自我控制的內容是結果、目標，所解決的任務是對取得什麼樣的結果和達到什麼樣的目標進行決策，體現個體自我覺察的特徵屬性。

◇ 在「在哪裡」問題上

自我意識和自我控制的內容是情境因素，所解決的問題是對情境中的物理因素（如時間、資料及其性質）和社會因素（如同事、朋友的幫助）進行決策和控制，體現個體敏銳與多智的特徵屬性。

可見，按照日莫曼「WHWW」結構，自我意識和自我控制具有：動機自我意識控制、方法自我意識控制、結果自我意識控制和環境自我意識控制的四維結構。

一個情緒化嚴重的現代青年可能具有高智商，但如果他在「為什麼」這個維度上存在缺陷，也就是說他缺乏成功的動機，那麼他將很難開發出自己的智慧潛能；同樣，在「怎麼樣」問題上存在缺陷的現代人，可能整天忙忙碌碌，卻總是事倍功半；而在「是什麼」維度上不健全的人，則不能合理地估量和揣度事情的結果，以及結果對其人生的意義，成功很容易與他失之交臂；至於在「在哪裡」問題上遇到麻煩的人，對社會環境

以及自己在環境中的位置缺乏清楚的認知，不是高估自己，就是低估自己，從而會導致自負或者自卑的負面情緒。

　　捫心自問是最好的反省方式。每一個渴望成功的人都應該問一問自己的「WHWW」，三思而後行，方能立於不敗之地。

CLASS II　了解自我

自我知覺理論（Self-perception theory）

　　當你真正認識自我之後，你就是一座金礦，一定能夠在自己的人生中展現出應有的風景。每個人都有巨大的潛能，都有自己獨特的個性和長處，都可以透過自省發揮自己的優點，透過不懈的努力去爭取成功。

　　人常說「人貴有自知之明」。這實際上是說，社會中的每個人都應當對自己的素養、潛能、特長、缺陷、經驗等各種基本要素有一個清楚的認知，對自己在社會、工作、生活中可能扮演的角色有一個明確的定位。心理學上把這種有自知之明的能力稱為「自覺」，這通常包括察覺自己的情緒對言行的影響，了解並正確評估自己的資質、能力與局限，相信自己的價值和能力等幾個方面。

　　簡單地說，一個人既不能對自己的能力判斷過高，也不能輕易低估自己的潛能。對自己判斷過高的人往往容易浮躁、冒進，不善於和他人合作，在事業遇到挫折時心理落差較大，難以心平氣和地對待客觀事實；低估自己能力的人則會在工作中畏首畏尾、躊躇不前，沒有承擔責任和肩負重擔的勇氣，也沒有主動請纓的積極性。無論是上述哪種情況，個人潛力都不能得到充分的發揮，個人事業也不可能取得最大的成功。

　　有自知之明的人既能夠在他人面前展示自己的特長，也不會刻意掩蓋自己的欠缺。坦率承認自己的不足而虛心向他人求教，不但不會降低自己的身段，反而可以表現出自己的自信，贏得他人的青睞。比如，當一個主管對某個職員說「在技術上你是專家，我不如你，我要多向你學習」的時候，這個職員不僅會認為這個主管非常謙虛，也一定會對這個主管更加信任，因為他了解自己的能力。

自我知覺理論（Self-perception theory）

在微軟公司，大家在技術上互幫互學，在工作中互相鼓勵，沒有誰會天天擺出盛氣凌人的架子，也沒有誰自覺矮人一頭，這就自然營造出一種坦誠、開放的工作氛圍。

有自知之明的人在工作遇到挫折的時候不會輕言失敗，在工作取得成績時也不會沾沾自喜。認識自我，準確定位自我價值的能力不僅可以幫助個人找到自己合適的空間及發展方向，也可以幫助企業建立起各司其職、協同工作的優秀團隊。有自知之明的人會讓人感覺他是一個自信、謙虛、真誠的人。

在正確評價自己的時候，自我知覺理論是一種非常簡單而有效的方法。

自我知覺是在自我認知或自我意識的基礎上形成的，是自我認知或自我意識的一部分。自我知覺是根據自己過去成功或失敗的經驗、他人對自己的反應和評價而不自覺形成的。

童年經驗對自我知覺的形成有重要影響。自我知覺側重於對自身價值、自身能力、自己在社會上的地位的猜想和評價。

自我知覺雖然是不自覺形成的，但這種知覺一旦形成，人們就會依據它去判斷自己，並引導自己的行動，而很少懷疑它的可靠性。

如果你的自我知覺是一個低能者，你就會在自己內心深處的那塊螢幕上經常看到一個無所作為、不受人重視的平庸的小人物。而且，遇到困難時你會對自己說：「我沒有能力」，在生活和工作中你就會感到自卑、沮喪、無力。

如果你的自我知覺是一個多才多藝者，你就會在自己內心深處的螢幕上經常看到一個辦事俐落、受人尊重、進取向上的自我。在任何情況下你都會對自己說：「我能做好。」在工作中你就會擁有自尊、愉快、好

CLASS II　了解自我

勝等良好的心態,從而在工作中取得成績。

自我知覺確立的原則是,最好在真實自我的基礎上稍微高一些。高一些的自我知覺會使你信心更強,制定的目標更高,把你的潛力更多地挖掘出來。偏低,尤其是明顯偏低,是確立自我知覺的大忌。它會損傷你的自信心,可能使你連現有的能力也發揮不出來,更不要說挖掘潛力了。

當你第一次獲得成功時,良好的自我知覺就開始形成了。

對於許多人來說,有無良好的自我知覺,有無自信心,首先取決於父母是否有良好的自我知覺。沒有良好自我知覺的父母,很難培養出自信的孩子。

最需要調整的是自卑的自我知覺,當你總覺得自己一無是處、事事不如別人時,就應當主動修正自我知覺。這時候,應當牢固地樹立這樣的信念:在這個世界上沒有跟我完全相同的第二個人,天生我才必有用,我一定有存在的價值,我也一定能夠找到自己存在的價值,因為我是獨一無二的!

當然,過高的自我知覺也應調整。對自己預期過高,不僅不利於客觀地設定進取目標,還會破壞人際關係,在自己走向成功的道路設定許多障礙。

威廉・詹姆士(William James)透過研究提出一個公式,即自足感＝成就÷抱負。這個公式顯示出一個人的自我感覺滿足與否,與個人的實際成就成正比,與個人抱負成反比。

如果一個人所取得的成就與其抱負相當,那麼他就會對自己感到滿意,進而產生正面的自信感、成就感等;如果成就小而抱負大,那麼此人將感到不滿足,他可能更加努力地取得成就,也可能放棄努力,從而

自我知覺理論（Self-perception theory）

降低或拋棄抱負。

要做出對自我肯定性的評價或提高自信心，不外乎提高成績或降低抱負。詹姆士的公式可以成為調節自我知覺的一個參考。

只有自信心與成就、抱負處於一種動態的平衡狀態，或一定程度的不平衡，即自信心越強、抱負越大，才有利於成就的取得和自我能力的提高。

堅定的信心與過高的自我知覺，有時很難區分。獨特的見解、超凡脫俗的創造、別出心裁的設計、反潮流的行為，這些往往都是高才智的表現。

但是，在多數情況下，高才智的表現在很長一段時間內很難為多數人所接受，甚至所有的人都不理解。這時，堅持己見是自信心的表現，是有巨大創造才能的人才所具備的一種心理品質。

可是，當對自己的能力和貢獻大小的評價與多數人發生分歧時，就應當考慮，是不是自己用放大鏡放大自我知覺。這時就應當盡量拉近真實的自我與自我知覺之間的距離了。

自我知覺良好，自然會有自信心。從一定意義上說，良好的自我知覺只不過是自信心的一種表達方式。

自信的人通常認為自己有智慧、有能力，至少不比別人差；有獨立感、安全感、價值感、成就感和較高的自我接受度。同時，有良好的判斷力，堅持己見，具有良好的合作精神和適應性。

自我知覺如何是能否取得成功的首要基礎。你覺得自己是個聰明的人，你就不會在難題面前輕易罷休；你覺得自己一事無成，就不會再向更高的目標努力。因為良好的自我知覺表現出來就是有自信。

CLASS II　了解自我

　　自信心是建立在自我知覺基礎之上的，也就是說，自信心以對自己基本客觀的評估為基石。

　　自信心是一種向量，它的方向始終指向遙遠的終點，指向困難，指向難於完成的事業。而盲目自大是不但對自己和別人缺乏客觀的評估，而且它還立足於已有的東西，坐井觀天，止步不前。它不指向未來，只著眼於眼前；它不指向困難，只局限於小範圍的排名次。

　　然而，優和劣之間有時只有一步之遙。當自信心幫你建功立業之後，你自以為自己的功業前無古人，後無來者。這時曾幫你建功立業的自信心就轉化為盲目自大了，而且這種盲目自大將帶來固執和僵化。所以，自我知覺有助於認識自己。

Test 2：你的心境灰暗與否？

拿出紙筆，請憑直覺回答。

01. 一邊是綠茵茵的草地，另一邊是黑森森的原始森林，你是往草地去，還是向森林走？
02. 越過草地或森林，你希望在你面前出現的是遼闊的大海、奔騰的江河，還是涓涓的小溪？
03. 涉過大海、江河或小溪，在你眼前出現了一間小茅屋。當你走向小茅屋之前，你會回頭望一望大海、江河或小溪嗎？
04. 當你走進小屋，看見桌上有個花瓶，你希望它是古典式的，還是現代式的？是大的還是小的或中等大小的？
05. 你希望這間小屋有沒有窗戶？如有，是希望有大的還是小的？窗戶是多還是少？
06. 桌上有個杯子，你不小心把它摔在地上，你希望這個杯子碎不碎？是摔得粉碎還是摔碎一塊可以修補？
07. 走出小屋，你面前有兩條路，一條大路，一條小道。你選擇哪一條？
08. 你來到沙漠，渴得要命。此時路邊有杯水，你是看都不看就走，還是喝光再走？或只喝半杯，把剩下的帶走？或喝一點放回原處？
09. 天漸漸暗了，你來到一處山谷，突然一個白髮魔女站在你面前，你是掉頭就跑，還是站著不動？或是上前搭話？
10. 翻過山地，一堵牆擋住去路，你是翻過去還是繞道而行？
11. 越過這堵牆，你來到一個動物園，裡面有馬、狗、兔子、貓、虎、蛇、牛、猴子、羊、豬和鷹，你喜歡哪一個？

CLASS II　了解自我

說明：

第一步，去森林，說明你的童年生活並不是在父母的百般疼愛下度過的；若選擇草地，則相反。

第二步，選擇大海，說明你的心胸十分寬廣；選擇江河，表明你的情緒容易激動；小溪則顯示你的感情很溫柔、細膩。

第三步，回頭望，說明你過去的生活很快樂，使你「流連忘返」；若不回頭，表明你對過去不滿意，而對未來充滿希望、幻想。

第四步，喜歡古典式的，說明你比較保守；喜歡現代式的，則表明你比較開放。花瓶大小代表著程度的差別。

第五步，希望茅屋沒有窗戶，表明你在生活中沒有朋友，是個封閉、孤獨的人；希望窗戶小且少，說明朋友少且沒有知心的。反之，則說明你在生活中有知心朋友。

第六步，希望杯子不碎，說明你的生活道路較為筆直；希望摔掉一塊可以修補，說明你在生活中受過挫折，並希望很快平復；希望摔得粉碎，則說明你在生活中遭受過重大挫折。

第七步，選擇大道，說明你認為自己以後的生活和事業之路是平坦和順利的，同時也表明你自信心很強，對自己的能力有充分的把握；選擇小路，說明你做好迎接失敗、坎坷，進行艱苦奮鬥的心理準備。

第八步，不喝就走，表明你做事情缺乏打算，或顧慮太多（擔心水有毒）；喝光就走，說明你做事只圖眼前利益；喝一半再帶走，表明你做事有計畫、懂策略；喝一點放回原處，顯示出你道德品質高尚，習慣為他人打算。

第九步，見到白髮魔女就跑，說明你膽子較小；站在一邊不說話，說明你遇事冷靜，懂觀察，有謀略；敢講幾句話，說明你的魄力很大。

第十步，翻過去，說明儘管有困難，但你能夠克服；繞道走，說明你害怕困難，缺乏魄力。

第十一步，馬忠實，狗講義氣，兔子惹人愛，貓纏綿，虎凶悍，蛇狡猾，牛勤懇，猴子活躍，羊溫順，豬懶惰，鷹有雄心壯志。

CLASS II 了解自我

CLASS III

管理自我

誰也不能隨隨便便成功,它來自徹底的自我管理和毅力。

——哈佛大學圖書館牆上的校訓

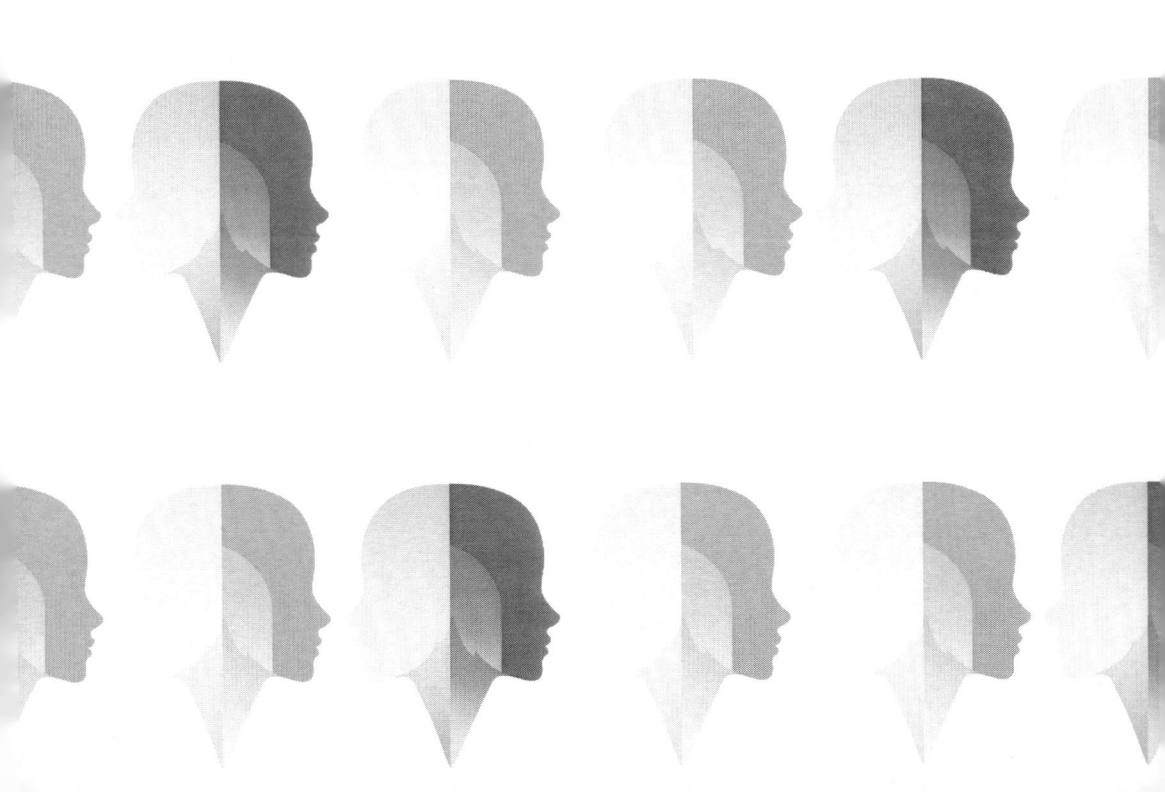

CLASS III　管理自我

壞脾氣的候選人

新一屆競選又開始了，一位準備參加參議員競選的候選人向自己的參謀們討教如何獲得多數人的選票。

其中一個參謀說：「我可以教你一些方法，但是我們要先定一個規則，如果你違反我教你的方法，要罰款十美元。」

候選人說：「沒問題。」

「那我們從現在就開始。」

「好，現在開始。」

「第一個方法，無論別人說你什麼壞話，你都要忍受；無論別人怎麼損你、罵你、指責你、教訓你，你都不能生氣。」

「這個容易，別人指責我、說我壞話，正好是給我的提醒，我不會記在心上。」候選人輕鬆地答應道。

「你能這麼認為最好，我希望你能牢記這一戒條。要知道，這是我的所有方法中最重要的一個。不過，像你這種蠢蛋，不知道什麼時候才能記住。」

「什麼？你居然說我是蠢蛋！」候選人氣急敗壞地說。

「十美元拿來。」

雖然臉上的憤怒還沒褪去，但是候選人明白，自己確實是違反規則了。他無奈地把錢遞給參謀，說：「好吧，這次是我錯了，你繼續說其他的方法。」

「這個方法最重要，其餘的方法也差不多。」

壞脾氣的候選人

「你這個騙子……」

「對不起,又是十美元。」參謀攤手道。

「你賺這二十美元也太容易了。」

「就是啊,趕快拿出來,你自己答應的,如果你不給我,我就讓你臭名遠揚。」

「你真是一隻狡猾的狐狸。」

「十美元,對不起,拿來。」

「呀,又一次,好了,我以後不再發脾氣了!」

「算了吧,我並不是真要你的錢,你出身那麼貧寒,你父親也因不還他人錢而聲譽不佳。」

「你這個討厭的混蛋,怎麼可以侮辱我的家人!」

「看到了吧,又是十美元,這次可不讓你抵賴了。」

看到候選人垂頭喪氣的樣子,參謀說:「現在你總該知道了吧,克制自己的憤怒,控制自己的情緒並不容易,你要隨時留心,時時在意。十美元倒是小事,要是你每發一次脾氣就丟掉一張選票,那損失可就大了。」

人類在早期曾頒布過許多法則和法令,如《漢摩拉比法典》、《摩西十誡》等,這些都可看作約束、駕馭或馴化情緒的努力。這是因為社會在原始毫無節制的狀態下,只有制定戒律,才能控制恣肆洶湧的情緒浪潮。

然而,無視社會規範,感性一再衝垮理性,正是人類本性使然。約束人類的情緒神經是人類自進化以來的最佳生物學設計,進化過程緩慢而精細地構築人們的情緒。儘管在進化的漫長歷程中,情緒英明地指引人類前進,但緩慢的進化步伐始終追趕不上現代文明的日新月異。

CLASS III　管理自我

最近一萬年來，人類文明有了飛躍發展，人口也從五千萬爆炸性地增加到七十多億，但這一切都沒有在人的情緒生理模板上留下任何印痕。

我們對每天遭遇事物的評估及其反應，不僅取決於我們的理性判斷與個體經驗，還來自遙遠祖先的回聲。當代人在遭遇現代困境時，常常會訴之於原始情緒。這種困惑正是本書要探討的核心主題，也是人們重視情商，並利用它來管理自我的意義所在。

接受醜陋

情緒管理的一個重要步驟是接受情緒。情緒本身不受意願的控制，它更像我們身體內的一種自然現象，說來就來，說去就去。例如：小孩子生氣了，我們不要說「不可以生氣」或「生氣是不對的」，而應該讓小孩子感受到，即使是生氣、悲傷等負面情緒也是被允許的。

通常，我們都習慣於壓抑自己的情緒。當情緒和自我認知不一致時，我們會覺得痛苦，然後傾向否定自己的情緒，這種做法使我們感受到很多壓力。

情緒是人類非常自然的一種反應狀態，當有危險的外在刺激出現時，我們就會產生害怕的生理反應及感受，這促使我們有更多的能量警覺而逃走，發揮保護自己和家人的作用。當有外力要侵犯我們時，生氣就能嚇退敵人或爭取到生存的空間。情緒更是情感的基本成分，人類也正因為有美好豐富的感情生活，才創造出寶貴的歷代文明與藝術。

因此，當學會辨識情緒後，我們還要進一步學會接受情感。所謂接受，就是承認情感的真實性，承認自己有產生和表達這種情感的權利。

雖然我們的某些情緒產生的原因是不當的，某些負面性情緒是不值得肯定或贊同的，但我們還是應該接受它。因為只有接受情感，才能讓他人把內心的情緒充分發洩出來，才能沖淡我們的負面情緒，減輕內心的焦慮和不安全感，最終有利於情緒重建和情感表達，形成正面的情感狀態。

如果你已經能夠接受自己的情緒，就應該進入下一步 —— 用合適的

方式表達情緒。有很多人認為，一有情緒就表達出來是一種不穩重的行為，他們希望自己很成熟，什麼事情都能藏在自己心裡，但這是一種不負責任的做法。不管是誰，都應該學會表達自己的情緒。這是因為：

——情緒沒有表達出來，你就無法對周圍的人傳遞內心訊息。訊息被困在心中，就像戴著面具一樣，而情緒最終是要表達出來的，到時你可能會失去控制。

——情緒沒有表達，就剝奪了自己得到希望的結果和行為的機會。比如你喜歡某人時，如果不表達出來，可能就會失去相互欣賞的機會。

——情緒的累積會增加身體的壓力，最後會以疾病的方式表現出來。

——不表達自己的情緒，別人就無法了解你。情緒是個性的一部分，你關閉情緒表達的大門，也意味著你失去自己與朋友、家人、同事心靈接近的機會。

所以，我們有充分的理由表達自己的情緒，更有義務教導孩子要表達自己的情緒。表達情緒不僅對於個人很重要，在一個企業中，也能達到很好的效果。密西根大學 (University of Michigan) 社會研究院的研究員發現，凡是在公司中出現對工作發牢騷的人，那家公司一定比沒有這種人或有這種人而把牢騷埋在肚子裡的公司成功得多。這就是所謂的「牢騷效應」。

為什麼會出現這種現象呢？好像跟我們的常理相反，但仔細分析，道理其實很簡單，牢騷源於不滿，把不滿發洩出來，就可以讓管理者發現經營中存在的種種問題，從而著手解決，事業自然就會成功得多。

表達情緒沒有正確和錯誤之分，問題的關鍵在於如何選擇表達的具

體方式。我們要知道，不管情緒多麼強烈，傷害他人或自己的過激行為都是不被允許的，甚至有些行為在某種場合是不合適的。一個有壞情緒的人要尋找適合自己的疏通情緒的方式，比如傾訴、彈琴等。

很多父母讓孩子用寫日記的方式來整理情緒。事實證明，這是一種很好的表達情緒的方式。

CLASS Ⅲ　管理自我

那杯被拒絕的熱茶

　　一個週末的傍晚，凱勒在陽臺上整理白天拿出來晾晒的舊書，正巧看見與她家相隔一條街的鄰居在陽臺上洗碗。

　　鄰居動作十分俐落，水聲與碗盤碰撞聲都很大，像是在發洩她內心深處的不平與怨氣。

　　這時候，她丈夫從客廳端來一杯熱茶，雙手捧到她面前。如此感人的畫面，差點讓凱勒落淚。

　　為了不驚擾他們，凱勒輕手輕腳地收起書本往屋裡走。正要轉身時，聽到那天生不幸福的女人回贈那同樣不幸福的男人：「別在這裡假好心了！」

　　丈夫低著頭又把那杯茶端回了屋裡。

　　凱勒想，那杯熱茶一定在瞬間冷卻，就像他的心。

　　繼續洗碗的鄰居還是邊洗邊抱怨：「端茶來給我喝？！少惹我生氣就好了。我真是苦命，早知道結婚要這麼做牛做馬，不如出家算了。」

　　也許她需要的不是丈夫端來一杯熱茶，而是來分擔她的家務。但是，在丈夫對她獻殷勤的時候，實在沒有必要把情緒發洩到對方身上。

　　一時的情緒化，常常是你自身幸福的殺手。

　　有的人只要情緒一來，就什麼都不顧，什麼難聽的話都說，什麼傷人的話都罵，甚至不計後果，釀出是非來。這就是人的情緒化。

　　人的情緒化行為有哪些特徵呢？

◇ 行為的無理智性

人的行為應該是有目的、有計畫、有意識的外部活動。人和其他動物區別的特徵之一就是人的行為具有理智性。

但是，人的情緒化行為的一個重要特徵就是缺乏這一點──不僅「跟著感覺走」而是「跟著情緒走」。行為缺乏獨立思考，顯得不夠成熟，浮於表面，輕信他人，有時還依賴他人。

◇ 行為的衝動性

人的行為本應受意志的控制和調節支配。但是，人的情緒化行為反映了意志控制力的薄弱，顯得衝動。遇到什麼不順心的事就像打足氣的氣球一樣，立即爆發出來。

帶有情緒化的衝動，看起來力量很強，但並不能持續很長時間，緊張性一釋放，衝動性行為就結束了。這種衝動性行為往往帶來某種破壞性後果。

◇ 行為的情境性

人情緒化行為的情境性的顯著特點是，人極易被生活環境中與自己切身利益相關的刺激所左右。滿足自己需求的刺激一出現，就顯得非常高興；一旦發現滿足不了，就會異常憤怒。因此，這種行為就顯得簡單、原始。如果他人故意製造一個情境，一些人就會按照他人預設的方式行動，從而上當受騙。

CLASS III　管理自我

◇ 行為的不穩定性、多變性

人的行為總有一定的傾向性，而且這種傾向性一旦形成，就會非常穩定。但是，人的情緒化行為卻具有多變、不穩定的特點。喜怒哀樂，變化無常，給人一種捉摸不定的感覺。

◇ 行為的攻擊性

情緒化行為的這一個特徵導致人忍受挫折的能力降低，很容易將自己受到挫折產生的憤怒情緒表現出來，進而朝其他人攻擊。這種攻擊不一定以動手動腳的方式出現，也可以語言或表情的方式出現，比如不明不白地諷刺嘲笑他人，或讓別人下不了臺等。

情緒化行為的上述特徵使這種行為具有很大的負面性。例如，情緒化行為會成為個人心理發展的障礙，使人變得缺乏理智、不成熟，甚至會成為造成嚴重後果的行為開端。

對於群體來說，過多的情緒化行為會妨礙人與人之間的融洽與和睦；對於社會來說，當人的情緒化行為成為一種傾向時，社會就比較難以控制，甚至成為某個社會事件的起因，造成社會重大損失。

那麼，應該怎樣控制自己的情緒化行為呢？

◇ 要承認自己情緒的弱點

每個人的情緒都有其優劣，一定要認識自己的情緒，不能迴避，不能視而不見。譬如，有的人容易衝動，而且一衝動就控制不住自己。想要改善首先要承認自己有這個毛病，在承認的基礎上認真分析自己容易

衝動的原因，然後再找一些方法去克服。這樣做可以隨時提醒自己：不可放縱自己！

◇ 要控制自己的欲望

人的情緒化行為大都是因自己的欲望和需求得不到滿足而產生的。當一個人的功利行為不能滿足其需求時，行為就變得簡單、淺顯，還會有近利短視、劇烈的反應，產生情緒化行為就不足為怪了。因此，只有降低過高的期望，理順「索取與貢獻、獲得與付出」的關係，才可能防止衝動的情緒化行為的出現。

◇ 要學會正確理解、正確對待社會上存在的各種矛盾

要學會全面觀察問題，多看主流，多看光明面，多看好的一面，這樣就能使自己發現生存的意義和價值，讓自己樂觀一點，增加克服困難的勇氣，增加自己的希望、信心，即使遇到嚴重挫折也不會氣餒，不會打退堂鼓。

◇ 要學會正確釋放、宣洩自己的負面情緒

一般來說，當人處於困境、逆境時容易產生不良情緒，而且當這種不良情緒長期壓抑、不能釋放時，就容易產生情緒化行為。

高情商的人都懂得在必要的時候將負面情緒適當地釋放、宣洩，譬如找朋友談心，做一些有樂趣的事情，從中去尋找精神安慰和寄託。

CLASS Ⅲ　管理自我

控制情緒

哈佛大學圖書館的牆上有這樣一條校訓:「我荒廢的今日,正是昨日殞身之人祈求的明日。」所以,我們不妨把成功學大師奧格・曼狄諾(Augustine "Og" Mandino II)寫的下段文字貼在書桌前,以此來提醒自己,學會控制自己每天的情緒。因為「一天過完,不會再來」。

潮起潮落,冬去春來,夏末秋至,日出日落,月圓月缺,雁來雁往,花飛花謝,草長瓜熟,萬物都在循環往復的變化中。

我也不例外,情緒會時好時壞。今天,我要學會控制情緒。

這是大自然開的玩笑,很少有人窺破天機。

每天我醒來時,不再有舊日的心情。昨日的快樂變成今天的哀愁,今天的悲傷又轉為明日的喜悅。

我的心中好像有一隻輪子不停地轉著,由樂而悲,由悲而喜,由喜而憂。這就好比花兒的變化,今天枯敗的花兒蘊藏著明天新生的種子,今天的悲傷也預示著明天的快樂。

今天,我要學會控制情緒。

我怎樣才能控制情緒,以使每天的工作都卓有成效呢?除非我心平氣和,否則迎來的又將是失敗的一天。

花草樹木隨著氣候的變化生長,但是我為自己創造天氣。我要學會用自己的心靈彌補氣候的不足。

如果我為顧客帶來風雨、憂鬱、黑暗和悲觀,那麼他們也會以風雨、憂鬱、黑暗和悲觀報之,而且他們什麼也不會買。

相反，如果我為顧客獻上歡樂、喜悅、光明和笑聲，他們也會以歡樂、喜悅、光明和笑聲報之，我就能獲得銷售上的豐收，賺取滿倉的金幣。

今天，我要學會控制情緒。

我怎樣才能控制情緒，讓每天充滿幸福和歡樂？我要學會這個千古祕訣：弱者任思緒控制行為，強者讓行為控制思緒。

每天醒來，當我被悲傷、自憐、失敗的情緒包圍時，我就這樣與之對抗：

沮喪時，我引吭高歌。

悲傷時，我開懷大笑。

病痛時，我加倍工作。

恐懼時，我勇往直前。

自卑時，我換上新裝。

不安時，我提高嗓音。

窮困潦倒時，我想像未來的富有。

力不從心時，我回想過去的成功。

自輕自賤時，我想想自己的目標。

今天，我要學會控制情緒。

從今往後，我明白了，只有弱者才會江郎才盡，我並非弱者，我必須不斷對抗那些企圖摧垮我的力量。

失望與悲傷一眼就會被識破，而其他許多敵人是不易覺察的。它們往往面帶微笑，卻隨時可能將我們摧垮。對它們，我們永遠不能放鬆警惕。

CLASS III　管理自我

縱情得意時，我要記得挨餓的日子。
揚揚得意時，我要想想競爭的對手。
沾沾自喜時，不要忘了那忍辱的時刻。
自以為是時，看看自己能否讓風止步。
腰纏萬貫時，想想那些食不果腹的人。
驕傲自滿時，要想到自己怯懦的時候。
不可一世時，讓我抬頭，仰望群星。
今天，我要學會控制情緒。

擁有了這項新本領，我也更能體察別人的情緒變化。

我對怒氣沖沖的人寬容，因為他尚未懂得控制自己的情緒，我可以忍受他的指責與辱罵，因為我知道明天他會改變，重新變得隨和。

我不再只憑一面之交來判斷一個人，也不再因一時的怨恨與人絕交，今天不肯花一分錢購買金篷馬車的人，明天也許會用全部家當換取樹苗。知道了這個祕密，我可以獲得極大的財富。

今天，我要學會控制情緒。

我從此領悟了人類情緒變化的奧祕。對於自己千變萬化的個性，我不再聽之任之。我知道，只有主動地控制情緒，才能掌握自己的命運。只要控制了自己的命運，就會成為世界上最偉大的業務員！

我要成為自己的主人。我由此而變得偉大。

因為衝動

傑西卡是美國加州一所大學的學生，暑假時他來到姑媽家度假，正好在開學前幾天他過生日，這讓他很興奮。

姑媽的女兒、他十六歲的表妹琳娜，決定在傑西卡生日那天，為他準備意外的驚喜。

生日那天晚上，傑西卡和姑媽一家在電影院看完電影，準備到公園散散步，琳娜有事先回家。

等到他們三人都到家的時候，卻發現屋子裡一片漆黑，姑父叫了好幾聲「琳娜」都沒有人回答。

大家都很緊張，姑父迅速掏出手槍，門卻是虛掩著的。就在推開門的那一刻，響起了生日歌和琳娜劃火柴準備點蠟燭的聲音。

然而，槍聲同時響起。

子彈準確地擊中了琳娜的胸口！之後，琳娜在被送往醫院的途中停止呼吸。事件發生後，琳娜的父親痛心疾首，一家人也都陷入極度的痛苦之中……在此之前，當地發生了多起入室強姦案，媒體進行大量報導，並提醒人們注意防範。琳娜的父親一到家門口，眼前便產生類似場景的幻覺，恐懼和緊張促使他本能地掏出手槍，悲劇就這樣發生了。

恐懼本是人類進化過程中遺留下來的原始情緒，驅使人們遠離危險、保護家人。正是這一恐懼本能驅使父親拿起槍，搜尋他以為的入侵者。

然而，恐懼使父親甚至沒來得及聽出女兒的聲音，沒來得及看清槍口對準的是誰，便開槍了。

恐懼會阻礙人們採取行動。如果恐懼是現實的，那麼人們就必須改變他們的計畫，使恐懼感消失。可悲的是，恐懼經常建立在想像的基礎上。人們會在自己的頭腦裡製造出一幅大災難的可怕圖景，而它賴以產生的基礎僅僅是可能發生的事情——對某個資訊產生的悲觀判斷，而且經過大腦的不斷加工，人們還會不斷為它加上一些更可怕的後果。

當然，生活中發生的某些事情是難以避免的，比如變老、投資失敗、事故、戰爭、疾病及生離死別等。帶著戰戰兢兢的畏懼心理對待它們，將會使它們變得比事實本身更加糟糕。畏懼能夠傳染，因為它以想像為燃料。為了克服被畏懼控制的天性，人們需要建設性地運用自己的想像力，不是用可能發生的最糟糕的事情來使自己驚恐不安，而是運用想像力思考將如何迎接它的挑戰，這是一種更正面的生活方式。

如何才能消除恐懼呢？首先我們應該隔離恐懼，然後採取行動。以下是幾種恐懼的例子以及可能消除恐懼的行動。

◇ 戰勝錯誤的記憶

有些恐懼的根源可以追溯至一些錯誤的記憶。我們的大腦就像一間銀行，我們無時無刻都將眼睛所看到的影像存入「記憶銀行」。從今往後，記憶會不斷映入你的腦海中，不論快樂、悲傷還是恐懼，一幕幕的情景都將重現於你的眼前。

相信許多人都有過這種體驗，有時你會突然覺得眼前的情景似乎在哪裡見過，或是曾經來過這個地方，這裡的一草一木你那麼熟悉，可是你忘記什麼時候來過這裡或做過什麼事，這就是記憶。

小時候曾被動物攻擊，長大後就會對這些動物產生厭惡的心理。恐

懼就是由這些原因形成的，這些因素構成你的生活背景。大腦將這些不愉快或令你恐懼的記憶存入「記憶銀行」，當你遇到相同或類似情況時，「記憶銀行」就將這些事情一件件提出來，告訴你：「你曾經失敗過兩次！你不可能會成功的！你的同事也說你……」這些都是讓你退縮的話，令你裹足不前，無法達到成功的樂土。

◇ 拒絕記憶不愉快的事

著名廣告心理學家莫文·哈維克在評論我們的記憶能力時說：「觀眾被激起的感覺是愉悅時，廣告就容易被人記住。當激起的感覺是不愉快時，觀眾便易於忘卻那些廣告內容，不愉快的事不是他們所想要的，他們不願記住它。」

要記憶所有不愉快的過去實在容易至極，但如果我們能拒絕去回想它，記憶庫裡只保留美好的回憶，讓其他的都消失，那麼你的信心便與日俱增，在征服恐懼方面便向前跨了一大步。

為什麼人們會害怕陌生人呢？為何許多人在人群中會自卑意識濃厚呢？害羞的背後是什麼呢？對此，我們能做些什麼彌補呢？許多人在自己熟悉的環境裡很容易發揮專長，說話滔滔不絕，效果十分不錯。但若把他放在一個陌生的環境，說話就會顛三倒四，結果什麼事也辦不成。不能流利自如地表達自己的意思，畏懼陌生人是主要因素。

◇ 以正確的眼光看待他人

如果你學會以正確的眼光看待他人，你就能克服恐懼。要領悟這個道理非常簡單，人們在很多方面的相似處多於相異處，我們要善於發現

他人與自己相類似的地方。渴求成功、想要富裕、喜好美食、遇到問題想逃避等，基本上與你相同，所不同的只是外貌、身材罷了。

◇ 以平等的觀點看待他人

與人交往時要記住這兩點：第一，別人是重要的；第二，你也很重要。當你遇到一個人時，要這麼想 —— 我們是兩個同等重要的人，一起坐下來商討某些互惠互利的事。這種同等重要的態度將會幫助你平衡形勢。在心理上與你有關的這個人並不會變得更為重要，因為你跟他說的事，也許對他來說非常好。這個人也許看起來非常高尚且重要，但是記住一點，他跟你是平等的，他並沒有處於優勢，所以無須畏懼。

因為寬心

　　人活一世，看似長久，實則只有「三天」——昨天、今天和明天。昨天過去了，不再煩；今天正在過，不用煩；明天還沒到，煩不著。如此看來，沒有什麼是值得你憂慮的。

　　一九六〇年代，義大利一個康復旅行團體在醫生的帶領下去奧地利旅行。

　　在參觀當地一位名人的私人城堡時，那位名人親自出來接待。他雖已八十歲高齡，但依舊精神煥發、風趣幽默。

　　他說：「各位來這裡打算向我學習，真是大錯特錯，你們應該向我的夥伴們學習——我的狗巴迪不管遭受如何慘痛的欺凌和虐待，都會很快把痛苦拋到腦後，盡情享受每一根骨頭；我的貓賴斯從不為任何事發愁，如果感到焦慮不安，即使是最輕微的情緒緊張，牠也會去美美地睡一覺，讓焦慮消失；我的鳥莫利最懂得忙裡偷閒、享受生活，即使在樹叢裡可吃的東西很多，牠也會吃一點就停下來唱唱歌。」

　　「相比之下，人卻總是自尋煩惱，人不是最笨的動物嗎？」他總結道。

　　科學家對人的憂慮進行了科學的量化、統計、分析，結果發現，幾乎100%的憂慮是毫無必要的。統計發現，40%的憂慮是關於未來的事情的，30%的憂慮是關於過去的事情的，22%的憂慮來自微不足道的事，4%的憂慮來自我們改變不了的事實，剩下4%的憂慮則來自那些我們正在做著的事情。

　　快樂是自找的，煩惱也是自找的。如果你不自尋煩惱，別人永遠也

CLASS III　管理自我

不可能製造煩惱給你。所以,每當你憂心忡忡、唉聲嘆氣的時候,不妨把你的煩惱寫下來,然後依照科學家們的分析為自己的煩惱歸個類:它是屬於40%的未來、30%的過去、22%的小事、4%的無法改變的事實,還是剩下的那個4%?

聰明的猶太人說,這世界上賣豆子的人應該是最快樂的,因為他們永遠不擔心豆子賣不出去。假如他們的豆子賣不完,可以拿回家去磨成豆漿,再拿出來賣;如果豆漿賣不完,可以製成豆腐;豆腐賣不完,變硬了,就當豆腐乾來賣;豆腐乾再賣不出去的話,就醃起來,變成豆腐乳。

還有一種選擇:賣豆子的人把賣不出去的豆子拿回家,加上水讓豆子發芽,幾天後就可改賣豆芽;豆芽若賣不了,就讓它長大些,變成豆苗;如果豆苗還是賣不了,再讓它長大些,移植到花盆裡,當作盆景來賣;如果盆景賣不出去,再把它移植到泥土中去,讓它生長,幾個月後,它就會結出許多新豆子,一顆豆子現在變成了很多豆子,想想那是多划算的事!

一顆豆子在遭到冷落的時候都有無數種精采選擇,何況一個人呢?人至少應該比一顆豆子堅強吧。那麼,你還有什麼好憂慮的呢?

如果這些理論上的方法無法奏效,面對生活中的憂慮,卡瑞爾的方式絕對有效。

卡瑞爾是一個很聰明的工程師,他開創了空氣調節器的新時代,曾是世界聞名的卡瑞爾分公司的負責人。

年輕的時候,卡瑞爾在紐約州的水牛鋼鐵公司做事。有一次,他要到密蘇里州水晶城的匹茲堡玻璃公司 —— 一座花費好幾百萬美元建造的工廠,去安裝一架瓦斯清潔機,目的是除去瓦斯裡的雜質,使瓦斯燃燒時不至於損傷到引擎。

這種清潔瓦斯的方法是一種新方法,以前只試過一次,當卡瑞爾到

密蘇里州水晶城工作的時候，很多事先沒有想到的困難都發生了。經過一番調整之後，機器可以使用，但是效果並不能達到他所保證的程度。

卡瑞爾對自己的失敗非常吃驚，覺得好像是有人在他頭上重重地打了一拳。

他的胃和整個肚子都開始翻滾起來，接下來的好長一段時間，他都擔憂得沒有辦法睡覺。

最後，他覺得憂慮並不能夠解決問題，憂慮的最大壞處就是會毀了自己集中精神的能力。在我們憂慮的時候，我們的思想會難以集中，從而喪失正確判斷事物的能力。

卡瑞爾根據自身的體會感受，總結出一個不需要憂慮就可以解決問題的辦法，結果非常有效。這個辦法非常簡單，任何人都可以使用，它有三個步驟：

第一步，毫不害怕而誠懇地分析整個情況，然後找出萬一失敗可能發生的最壞情況。沒有人會把你關起來，或者把你槍斃。只是你很可能會丟掉工作，也可能會讓你的老闆投下去的資金泡湯。

第二步，找出可能發生的最壞情況之後，讓自己在必要的時候能夠接受它。你可以對自己說：「這次的失敗在我的紀錄上會是一個很大的汙點，可能我會因此而丟掉工作。即便如此，我還是可以另外找到一份工作。」

當我們強迫自己面對最壞的情況，而在精神上接受它之後，我們就能夠衡量所有可能的情形，從而使我們處在一個可以集中精力解決問題的狀態。

第三步，找出可能發生的最壞情況之後，開始把自己的時間和精力投入改善最壞情況的努力中去。盡量想一些補救辦法，減少損失。

CLASS III　管理自我

因為豁達

和所有忠實的穆斯林一樣，阿拉伯人相信《可蘭經》上所寫的每一句話，認為那都是阿拉的聖言。當《可蘭經》上說「真主創造你，以及所有的行為」時，他們完完全全地接受下來。這就是他們能夠安詳地生活著，即使事情出了差錯，也不發沒必要的脾氣的原因。他們知道，事情是早就注定好的，除了阿拉，沒有人能夠改變任何事。不過，這並不表示他們在面對災難時只是坐著發呆。

撒哈拉沙漠是世界上最大的沙漠，住在那裡的阿拉伯人經常會遭受炙熱暴風的考驗。

有一次，暴風一連吹了三天三夜，風勢很強勁、很猛烈，甚至把撒哈拉沙漠的沙子都吹到了法國的隆河河谷。炙熱的暴風吹得人的頭髮似乎都要燒起來了，喉嚨又乾又焦，眼睛被熱得很痛，嘴裡都是沙礫。好像站在玻璃廠的熔爐之前，被折騰得接近瘋狂的邊緣。但阿拉伯人並不抱怨。

暴風過後，他們立刻展開行動。把所有的羊羔殺死，因為他們知道那些羊羔是活不了了，殺死牠們可以挽救母羊。屠殺羊羔之後，他們就把羊群趕到南方去喝水。所有這些行動都是在冷靜考慮中完成的。

對於損失，他們沒有任何憂慮、抱怨。部落酋長甚至說：「這還算不錯。我們本以為會損失所有的一切，但是感謝上帝，我們還有40%的羊活了下來，可以從頭再來。」

曾經有一個記者敘述了自己的這樣一段經歷：

他和兩個阿拉伯人乘汽車橫穿大沙漠時，一個輪胎爆了，司機又忘

了帶備胎,所以他們只剩下三隻輪胎。又急又怒又煩的他問兩個阿拉伯人該怎麼辦。他們說:「著急於事無補,只會使人覺得更熱。車胎爆掉是真主的意思,沒有辦法可想。」

於是,他們繼續往前走,就靠三個輪胎前進。沒過多久,車子又停了,汽油用光了。但阿拉伯人並不因司機所帶的汽油不足而向他大聲咆哮,反而很冷靜。後來,他們徒步到達目的地,一路上還不停地唱歌。

住在撒哈拉沙漠的阿拉伯人是沒有煩惱的,無論在多麼惡劣的條件下,他們都保持著快樂平安的心境——因為他們學會自我安慰。學會安慰自我,在事情已成定局難以挽回的時候,可以使用精神勝利法維護自尊心和自信心,以圖再次振作。這時候,我們不妨做一隻豁達的狐狸。

幾隻狐狸同時走到葡萄架下,卻無法吃到葡萄。

第一隻狐狸自我安慰說,葡萄是酸的,自己不想吃,走了。

第二隻狐狸不斷使勁往上跳,不抓到葡萄不罷休,最終耗盡體力累死在葡萄架下。

第三隻狐狸吃不到葡萄便破口大罵,抱怨人們為什麼把葡萄架得這麼高,不料被農夫聽到,一把將牠原地打死。

第四隻狐狸因吃不到葡萄生氣憂鬱而死。

第五隻狐狸執念太深導致精神不正常,整天口中唸唸有詞:「吃葡萄不吐葡萄皮……」想想,哪隻狐狸的情商最高?

心理學家認為,人的好惡和自我評價來自價值選擇,當負面的情緒困擾你的時候,改變你原來的價值觀,學會從相反的方向思考問題,這樣就會使你的心理和情緒發生良性變化,從而得出完全相反的結論。

這種心理調節的方法被稱為反向心理調節法,它常常能使人戰勝沮

喪，從不良情緒中解脫出來。

兩個工匠去賣花盆，在途中翻車，一半的花盆都被摔碎。

悲觀的工匠說：「完了，這麼多花盆被摔碎，真倒楣！」

而另一個工匠卻說：「真幸運，還有這麼多花盆沒有摔碎。」後一個工匠運用反向心理調節法，從不幸中挖掘出了幸運。

在很多情況下，人們的痛苦與快樂並不是由客觀環境的優劣決定的，而是由自己的心態、情緒決定的。遇到同一件事，有人感到痛苦，有人卻感到快樂，情商不同的人會得出不同的結論。

遇到煩惱的時候，與其在那裡唉聲嘆氣，惶惶不安，不如拿起心理調節的武器，從相反的方向思考問題，使情緒由陰轉晴，擺脫煩惱。

俄國作家契訶夫曾寫道：「如果火柴在你的口袋裡燃燒起來，那你應該高興，而且感謝上蒼，多虧你的口袋不是火藥庫；如果你的手指扎了一根刺，那你應該高興，多虧這根刺不是扎在眼睛裡⋯⋯照我的勸告去做吧，你的生活將會歡樂無窮。」

常常聽到這樣一句話：「想想你自己的幸福。」如果數數我們的幸福，大約有90%的事還不錯，只有10%不太好。如果我們要快樂，就要多想想90%的好，而不去理會那10%的不好。

其實，那所謂10%的不好，大部分還是由自己想像的。如果能突破自己心靈的禁錮，就可以收穫不少快樂。

因為自信

有一個農夫整天埋怨自己命不好,一輩子都是農夫,被別人看不起,他覺得自己的地位很卑微。

有一天,他彎著腰在院子裡清除雜草,因為天氣很熱,他臉上不停地冒汗,汗珠一滴一滴地流了下來。

「可惡的雜草,假如沒有你們,我的院子一定很漂亮,你們為什麼要來破壞我的院子呢?」農夫這樣嘀咕著。

一棵剛被拔起的小草回答農夫說:「你說我們可惡,也許你從來就沒有想到過,我們也是很有用的。現在,請你聽我說一句吧,我們把根伸進土中,等於是在耕耘泥土,當你把我們拔掉時,泥土就已經是耕耘過的了。」

「下雨時,我們能防止泥土被雨水沖掉;乾涸的時候,我們能阻止強風颳起沙土。我們是替你守衛院子的士兵。如果沒有我們,你根本享受不到賞花的樂趣,因為雨水會沖走你的泥土,狂風會颳走種花的泥土……你在看到花朵盛開之際,能不能記起我們的好處呢?」

一棵小草並沒有因為自己的渺小而自卑,農夫對小草不禁肅然起敬。他擦去額上的汗珠,然後笑了。

自卑是一種可怕的負面情緒,其實任何人都無須自卑,每個人都有自己的特點,重要的是你要意識到自己的長處。

懷有自卑情緒的人遇事總是認為「我不行」、「這事我做不了」、「這個工作超過我的能力範圍」,沒有試一試就為自己判了死刑。

CLASS III　管理自我

低情商者在遇到失敗時往往會說：「我真沒用！」記住，千萬不可使用這句話，因為它不但否定了你的能力，無形之中還使你前進的信心懈怠。實際上，只要你專注努力，你是能做好這件事的。所以，你一定要克服自卑的情緒，只有這樣才能更好地將自己塑造成為一個自信的人。

在此，有兩件事可以讓你有效地運用記憶庫消除自卑，獲取自信。

◇ 只在你的記憶庫裡存入正面的想法

每個人都曾有過許多不愉快、尷尬與洩氣的經歷，但是成功者和失敗者卻是以截然不同的手法來處理這些經歷的。失敗者將它們記在心裡，時刻想著那些不愉快的經歷，因此他們的記憶裡有了不好的開始，思緒片刻也離不開這些情景。在夜晚，這些不愉快的景象是他們最後的記憶。反之，成功者卻未必將這些不美好的經歷存入記憶中，在經過咀嚼之後，他們能吐出殘渣，而將正面的想法存入他們的記憶庫。

負面、不愉快的思想一旦存入你的記憶庫，就會影響你的心智。負面的思想將使你的精神產生不必要的損耗，它會製造自卑、挫折以及憂慮，當別人前進時，它會讓你將自己丟在路邊。

當你與你的想法獨處時，回想愉快、歡樂的經驗，將正面的想法存入你的記憶，會讓你覺得自己愈來愈好，從而真正擁有信心，也能幫助身體保持正常功能。

◇ 只從你的記憶庫提取正面想法

現代人由於都市生活壓力沉重，每天會受到許多來自不同方面的壓力，工作、朋友、感情生活等都可能對人的心靈造成極大的傷害。這些

壓力無法透過適當的管道發洩,或是發洩的方法錯誤,就產生許多心理失去平衡的症狀。

當代社會也開始注意到這個問題的嚴重性,從而設立許多心理輔導機構,其目的就是要幫助你在這些負面的想法變成折磨你的妖怪之前毀滅它們。這些妖怪會時時在人們的內心活動。譬如,蜜月對新婚夫婦來說,是極為重要的時光,然而,蜜月可能並未如個人或雙方所希望的那樣滿意,如果不及時將這些不悅的記憶埋葬,反而數百次地提取出來,就會變成維持婚姻關係的巨大障礙。於是三或五年後,就鬧著要離婚。原本非常恩愛的一對夫妻,因為這些不愉快的記憶而斷送美好的將來,這是非常慘痛的教訓。

這些結果都是心理因素造成的,不論問題是大是小,其治療法在於,要停止從記憶庫提出負面想法,以正面想法取而代之。當發現自己處於負面情況時,你必須毅然遠離它。

CLASS III　管理自我

因為樂觀

悲觀者泯滅希望，樂觀者激發希望。但這並不是說，對於所有的困難，我們都應該用習慣性的樂觀態度去對待。我們鼓勵的是對事情要有趨向正面的態度，而不要採取反面的態度。

洛維爾‧湯瑪斯（Lowell Jackson Thomas）的人生出現了高潮。首先，他主演了一部關於艾倫貝和勞倫斯在第一次世界大戰中出征的著名影片。其次，影片用上他和幾名助手在前線拍攝的幾處戰爭鏡頭，他們用影片記錄了勞倫斯和他那支多姿多彩的阿拉伯軍隊，也記錄了艾倫貝征服聖地的經過。

影片中，湯馬斯那個穿插在電影中的激勵演講——「巴勒斯坦的艾倫貝與阿拉伯的勞倫斯」在倫敦和全世界都引起轟動。倫敦歌劇被延後六個禮拜上映，僅僅為了讓湯瑪斯在倫敦皇家歌劇院（Royal Opera House）繼續講這些冒險故事，並放映他的影片。

在倫敦取得巨大成功之後，湯瑪斯又遊歷了好幾個國家，然後他花了兩年的時間，準備拍攝一部在印度和阿富汗生活的紀錄片。

不幸的事情在這個時候發生了：經過一連串令人難以置信的霉運後，洛維爾‧湯瑪斯發現自己破產了。

日子開始窘迫起來。湯瑪斯不得不到街口的小店去吃便宜的食物。事實上，如果不是知名畫家詹姆士‧麥克貝（James McBey）借錢給湯瑪斯的話，他甚至連那點食物也吃不到。

數額龐大的債務、窘迫的生活一下子壓在了湯瑪斯身上，雖然他極度失望，但他很自信，並不憂慮。他知道，如果他被霉運弄得垂頭喪氣

的話，他在人們眼裡就會一文不值，尤其是在他的債權人的眼裡。

因此，每天早上出去辦事之前，湯瑪斯都要買一朵花，插在衣領上，然後昂首走上街。他的想法非常正面，絕不讓挫折把自己擊倒。對他來說，挫折是整個人生的一部分——是要爬到高峰所必須經過的有益訓練。

事實也確實如此。我們必須關心我們的問題，但是不能憂慮。關心就是要了解問題在哪裡，然後很鎮定地採取各種步驟加以解決，而憂慮卻是發瘋似的在原地打轉，這對於解決事情沒有一點幫助。

萊特先生最近的身體狀況非常糟糕。他先是得了猩紅熱，當他康復以後，卻發現自己又得了腎臟病。他去找過很多醫生，但誰也沒辦法治好他。

過了一段時間，萊特發現自己又得了另外一種併發症，他的血壓高了起來，醫生說他的血壓已經到了 210 的最高點。最後，醫生無奈地告知他已經沒救了——情況太嚴重，最好馬上準備後事。

萊特全家籠罩在一種陰鬱的氣氛中。妻子和親朋好友都非常難過，萊特本人更是深深地埋在頹廢的情緒裡，整整一個星期，他都很難過。

有一天，萊特突然想到，自己這個樣子簡直像個大傻瓜。他對自己說：「你在一年之內恐怕還不會死，那麼趁你還活著的時候，何不快快樂樂的呢？」他決定改變自己的精神狀態。

萊特首先弄清楚自己所有的保險是否都已經付過了，然後向上帝懺悔他以前所犯的各種錯。做完這些之後，他試著挺起胸膛，臉上露出微笑，努力讓自己表現出好像一切都很正常的樣子。

剛開始的時候，這的確相當費力，但萊特還是強迫自己開心、高興。漸漸地，他發現自己這樣做不但有助於改善家人的沮喪情緒，而且

CLASS III　管理自我

對自己的身體恢復也大有幫助。萊特漸漸覺得好多了,幾乎跟他裝出的一樣好。

這種改善持續不斷,後來,萊特不僅很快樂、很健康,活得好好的,而且他的血壓也降下來了。

經過了這段日子,萊特相信:如果他一直想著自己會死、會垮掉的話,那位醫生的預言就會實現了。可是當他改變自己的心情之後,一切都發生了改變。

因為執著

情商之所以能發揮出異乎尋常的功效,關鍵在於它是對現實的能動適應。只有在現實衝突中,情商才能有所作為。在逆境中,人的情緒會極端消沉,而高情商者能很快走出失敗的陰影,自己拯救自己。

出身於騰布族的曼德拉如果遵從命運或家庭的安排,他的人生本來是可以一帆風順的。曼德拉的父親是騰布人大酋長的首席顧問,他父親和大酋長打算把他培養成酋長,但他的夢想卻是成為一名律師。當二十二歲的曼德拉意識到自己要被培養為酋長,而他已下定決心絕不做統治壓迫人民的事時,他選擇了逃跑,以此來拒絕將來擔任酋長。

曼德拉逃到了約翰尼斯堡。在這個城市,他看到白人和黑人生活的鮮明對照:白人生活在寬闊的市郊,到處是繁榮興盛的景象;可是非洲人(即「土著人」)卻被限制在許多郊區土著人鄉鎮和城市貧民窟裡,這裡居住擁擠,條件極差,還不斷受到警察的巡查。

曼德拉的政治態度因此受到影響,黑人嚴峻的生活環境和被曼德拉稱為「瘋狂的政策」的種族隔離,使曼德拉踏上了一生為黑人解放而進行鬥爭的征程。他參與非國大「青年聯盟」,領導全國蔑視運動,組織黑人對白人進行鬥爭。

一九五二年,曼德拉因領導全國蔑視種族隔離制度運動而被捕入獄。獲釋後,他繼續堅持鬥爭。在之後的日子裡,曼德拉多次被捕,多次遭到南非當局的通緝。

他的鬥爭使他多年都未能與妻子、女兒團聚,而他的妻子也多次被捕。

CLASS III　管理自我

　　一九六四年，曼德拉因莫須有的「叛國罪」被判為終生監禁。面對監禁，他說：「在監獄中受煎熬與監獄外相比算不了什麼。我們的人民正在監獄內外受難，但是光受苦還不夠，我們必須鬥爭。」曼德拉沒有妥協，沒有退縮，在獄中堅持鬥爭。他拒絕南非當局提出的釋放條件──只要放棄鬥爭就給他自由，他說：「我的自由和非洲人的自由在一起。」

　　這一次的監禁持續了二十七年！人的一生能有幾個二十七年，更何況是在最年輕力強的時候。但是以信念堅強著稱於世的曼德拉仍矢志不渝。

　　曼德拉本可以擔任酋長，可以做律師享受好生活，但他卻把南非黑人的民族解放鬥爭當作終生事業，這種無限的忠誠給了他奮鬥的勇氣，也使他以非凡的經歷、傳奇的色彩、頑強的意志、超人的魅力成為南非黑人民族解放的象徵，為全世界所矚目和尊敬。

　　一個人的智力和體力水準無疑是其發揮才能、塑造自我生命力的必備條件，但更重要的是發揮意志的作用。因為智力與體力的獲得、發展與運用都離不開意志力的作用。很難想像一個意志薄弱者會有什麼大作為。現實是殘酷的，也正由於其殘酷而精采。只有在失敗上不斷錘鍊，才能鍛造成一種鐵的特質。正視現實最重要的就是要正視失敗。高情商者都是勇於正視現實、勇於與現實做鬥爭的人，他們都有一部血與淚交織著的艱辛的奮鬥史。

　　世界上的每一個偉人都是意志力很強的人，看他們的經歷就會發現，他們都有一部苦難史。雖然他們的遭遇不同，但都在感受痛苦的過程中使意志得到了鍛鍊。痛苦是對信念、信仰的殘酷考驗，經受住了這種考驗，人的信念、信仰就比常人堅定十倍。

　　一些世界著名的領袖人物大都具備非凡的意志力，出色的意志力是

其遠大目標得以實現的很重要的一項保障。

羅斯福（Franklin Delano Roosevelt）是美國歷史上最偉大的總統之一。就任期間，他實行新政，緩和美國的經濟危機，推動美國經濟的發展。第二次世界大戰爆發後，他不顧美國的孤立主義傳統，使美國與英國、蘇聯結成聯盟，為爭取反法西斯戰爭的勝利做出了重要貢獻。

羅斯福還是第一位打破華盛頓開創的不連任三屆制度而連續四次登上總統寶座的美國總統。人們都被他那貴族的氣質和從容不迫的舉止所征服，稱讚道：「沒有哪一個美國總統能如此有效地集政治家、政客、鼓動者和導師的特質於一身，而這些特質是偉大人物所需要的。」

事實上，作為美國歷史上一位有遠見、重實際、精於政治策略的政治家，羅斯福在運用權術與計謀達到自己的政治目的方面可謂技藝高超，但真正讓他出人頭地的是他果敢的開創精神和頑強的意志。

當年，正當羅斯福的事業蒸蒸日上之時，厄運卻接連向他襲來。

一九二〇年，羅斯福和詹姆斯·考克斯（James Middleton Cox）搭檔代表民主黨競選副總統和總統慘遭失敗，之後他暫時退出政壇，回家休養。

有一次在芬迪灣游泳後，羅斯福的雙腿突然麻痺，一個有著光輝前程的成功人士一下子變成一個臥床不起、什麼事都需要別人照顧的身障人士，身體上的痛苦和精神上的痛苦同時折磨著他。

最初，羅斯福幾乎絕望，認為上帝把他拋棄了。但是奮力向上的精神和頑強的意志並沒有使他放棄希望。治病期間他仍然不停地看書，不停地思考問題，勇敢地面對自己的疾病，配合醫生進行治療。一個病人能做到這些需要多麼非凡的勇氣和毅力啊！

CLASS III　管理自我

經過疾病的折磨,羅斯福變得比過去更加堅毅老練了。

羅斯福身體力行著自己在首次就職演說中提出的「無所畏懼」的戰鬥口號:「我們唯一值得恐懼的就是恐懼本身。」他不怕失敗、勇於嘗試、勇於創新、有魄力、有遠見,把美國引導上了一條新的發展道路。

情商高的人對現實有著很強的適應性,這集中體現在對挫折的承受能力上。正視失敗並不意味著消極地承受,相反,它意味著轉敗為勝的可能。

因為忍耐

　　人的情緒中有兩大暴君——憤怒與欲望，與單槍匹馬的理性相抗衡，感性與理性對心理的影響相反，人的感性遠勝於理性。一個人必須學會自我調控，高情商的重點是，學會控制怒氣，不輕易受到傷害。

　　人在憤怒時千萬要注意兩點：第一，不可惡語傷人，這不同於一般的對事情發發牢騷，而是可能讓別人留下深刻的傷害；第二，不可因憤怒而輕洩他人的隱私，這會使你不再被他人所信任。總之，無論情緒上再怎麼憤怒，行動上也千萬不能做出無可挽回的事來。人在受傷害後最好的控制怒氣之術是等待時機，克制忍耐，把復仇的希望寄託於將來。

　　有一個小男孩，常常無緣無故地發脾氣。一天，小男孩的父親給了他一大包釘子，讓他每發一次脾氣就用鐵錘在他家後院的柵欄上釘一顆釘子。

　　第一天，小男孩共在柵欄上釘了三十七顆釘子。

　　幾個星期過後，小男孩漸漸學會控制自己的情緒，每天在柵欄上釘釘子的數目逐漸減少了。他發現控制自己的壞脾氣比往柵欄上釘釘子要容易得多……最後，小男孩變得不愛發脾氣了。

　　小男孩把自己的轉變告訴了父親。父親又建議說：「從今天起，如果你一天沒發脾氣就從柵欄上面拔一顆釘子下來。」小男孩照著父親的要求做了。終於，柵欄上面的釘子全被拔掉了。

　　父親拉著小男孩的手來到柵欄邊，對他說：「兒子，你做得很好。但是，你看一看那些釘子在柵欄上留下的那麼多小孔，柵欄再也不會是原來的樣子了。當你向別人發過脾氣之後，你的言語就像這些釘孔一樣，在人

CLASS III　管理自我

們的心中留下疤痕。無論你說多少次對不起，那傷口都會永遠存在。」

因自己發脾氣而對他人造成的傷害，再多的彌補往往也無濟於事，所以寧可事前小心，也不要事後悔恨。在生氣的時候，不管怎樣都要留下退一步的餘地，避免做出無法挽回的事情來。

在現實生活中，有人只顧一時的口舌之快，有意無意地對他人造成傷害，殊不知這些傷害就像釘孔一樣，也許永遠都無法彌補。

憤怒是情緒中最可怕的暴君，憤怒行為會傷害他人，也會傷害自己。培根說：「憤怒就像地雷，碰到任何東西都會一起毀滅。」如果你不注意培養交往中必要的情商，培養自己忍耐、心平氣和的性情，一碰到「導火線」就暴跳如雷，情緒失控，即便你有再好的人緣，也會因此全部被「炸」掉。

心理學家認為，生氣是一種不良情緒，是負面的心境，它會使人悶悶不樂，低沉陰鬱，進而阻礙情感交流，導致內疚與沮喪。相關醫學數據認為，憤怒會導致高血壓、胃潰瘍、失眠等。據統計，情緒低落、容易生氣的人，罹患癌症和神經衰弱的可能性要比其他人大。和病毒一樣，憤怒是人體中的一種心理病毒，使人重病纏身，一蹶不振。可見憤怒對人的身心有百害而無一利。

怒氣似乎是一種能量，如果不加控制，它會氾濫成災；如果稍加控制，它的破壞性就會大減；如果合理控制，甚至可能有所獲益。

◇ 疏導而不是壓抑

交通擁擠的十字路口，整個路面成了由車組成的海洋。不耐煩的司機在車裡鳴笛叫喊，喇叭聲不絕於耳，偶爾有一時氣憤難平的司機，不

顧安全往前擠，不僅會造成人為災難，更會癱瘓整個交通。如果沒有交警的管理疏導，不知道會拖到什麼時候，造成怎樣的後果。那麼假如一個人的情緒失控，不加以疏導的話，會發生什麼情況呢？

研究顯示，失去控制、大發雷霆的人通常都經歷情緒累積的過程。每一個拒絕、侮辱或無禮的舉止，都會留下激發憤怒的殘留物。這些殘留物不斷地累積，急躁狀態不斷上升，直到被「最後一根稻草」壓倒，情緒完全失控，直至勃然大怒為止。所以控制怒氣的最好方法不是壓抑自己的怒氣，而是進行恰當的疏導。

傑拉爾德完全被激怒了，他一把抓起電話，把它狠狠地丟出辦公室。很自然地，他的銷售團隊被他的狂怒嚇壞了。

傑拉爾德之所以會大動肝火，是因為他剛剛參加了一項改善他的團隊管理的活動，在這個活動中，他們的工作任務沒有完成，這使得傑拉爾德的情緒非常糟糕。不幸的是，他同時又碰到其他事情，於是，累積下來的情緒一併爆發出來，以致於事情變得如此糟糕。

在一位顧問的指導幫助下，傑拉爾德分析出觸發他做出憤怒反應的原因，以及如何控制過去的偶發事件帶給他的積怨。他開始意識到，當他從總公司參加會議回來後，就一直處於最糟的情緒狀態中。但是如果他能在會議以前，確切地說是在發表意見以前，花幾分鐘時間放鬆一下自己，他根本就不可能發火。

有了這個教訓以後，傑拉爾德再遇到不順心的事情，或者面對壓力時，總是花十分鐘的時間到附近的公園走一走，讓自己平靜下來。在參加會議時，如果他感覺到憤怒開始困擾自己，就立刻開始做深呼吸，或者透過把手壓在臀部下面等方式來控制自己。

這些放鬆行為最起碼能夠阻止他提出最衝動的反對意見，阻止他採

CLASS III　管理自我

取激憤的過激行為,比如奪門而出。在完全接受控制自我情緒的觀點以後,他逐漸掌握控制和調整自己的情緒和行為的技巧。

那麼,一個已經被惹怒的人要怎樣控制自己的情緒?

第一步,對自己以往的行為進行一番回憶評價,看看自己過去的發怒行為是否有道理,是否遷怒別人。一個老闆對下屬發火,原因是下屬工作失誤。這位下屬不敢對老闆生氣,回家對妻子亂發脾氣。妻子沒辦法,只好對兒子發脾氣。兒子又對貓發脾氣。在這一連串的遷怒行為中,只有老闆對下屬發脾氣是有緣由的,其他都是無中生有。

所以,在發怒之前,你最好分析一下,生氣的對象和理由是否合適,方法是否適當,這樣你生氣的次數就會減少90%。

第二步,低估外因的傷害性。生活中我們可以觀察到,容易上火的人對雞毛蒜皮的事都很在意,別人不經意的一句話,他會耿耿於懷。過後,他又會把事情拼命往壞處想,結果越想越氣,終至怒氣沖天。

當怒火中燒時,你不妨立即放鬆自己,把激怒自己的情境看淡、看輕,避免正面衝突。當怒氣稍降時,對剛才的激怒情境進行客觀評價,看看自己到底有沒有責任,惱怒有沒有必要。

第三步,巧妙地發洩自己的憤怒,而不傷害別人。有個日本老闆想出奇招,專門設立房間,擺上幾個以公司老闆形象為模型製作的橡膠人,有怒氣的員工可以隨時進去對「橡膠老闆」爆打一頓,揍過以後,員工的怒氣也就消減大半。

如果你生氣了,出去參加一次劇烈的運動,看一場電影,或者到公園散散步,這些與爆打「橡膠老闆」的做法有異曲同工之妙。

如果脾氣暴躁的人經常發飆已成一種習慣,僅讓他自己改正,往往並不能持久,那麼就必須找一個監督者。一旦有發飆的跡象,監督者應

立即以各種方式加以暗示、阻止。監督者可以請自己最親近的人來擔任。這種方法對下決心控制怒氣但自制力又不強的人來說非常適合。

◇ 忍耐一下，怒氣會自然消退

從前有一個農夫，因為一件小事和鄰居爭論起來，吵得面紅耳赤，誰也不肯讓誰。最後，那個農夫氣呼呼地去找牧師評理。因為牧師是當地最有智慧、最公道的人，他肯定能斷定誰是誰非。

「牧師，您來幫我們評評理吧！我那鄰居簡直不可理喻！他竟然……」那個農夫怒氣沖沖，一見到牧師就開始他的抱怨和指責。但當他正要大肆講述鄰居的不是時，被牧師打斷了。

牧師說：「對不起，正巧我現在有事，麻煩你先回去，明天再說吧。」

第二天一大早，農夫又憤憤不平地來了，不過，顯然沒有昨天那麼生氣了。

「今天您一定要幫我評個是非對錯，那個人簡直是……」他又開始數落起鄰居的惡劣行為。

牧師不緊不慢地說：「你的怒氣還沒有消退，等你心平氣和後再說吧！正好我昨天的事情還沒有辦完。」

接下來的幾天，農夫沒有再來找牧師。有一天牧師在前往布道的路上遇到了他，他正在農田裡忙碌著，心情顯然平靜了許多。

牧師微笑著問道：「現在你還需要我來評理嗎？」

農夫羞愧地笑了笑，說：「我已經不生氣了！現在想來那也不是什麼大事，不值得生那麼大的氣，只是添麻煩給您了。」

CLASS III　管理自我

牧師心平氣和地說:「這就對了,我不急於和你說這件事情就是想給你思考的時間讓你消消氣。記住,任何時候都不要在氣頭上說話或行動。」

很多時候怒氣會自然消退,稍微耐心等待一下,事情就會悄悄過去。常言道:「忍一時,風平浪靜;退一步,海闊天空。」只需忍耐一下,怒氣就會消退。關於這一點,林肯深有體會,並總結出一種巧妙的方法。

一天,陸軍部長斯坦頓來到林肯的辦公室,非常生氣地說一位少將用侮辱性的話指責他。林肯建議斯坦頓寫一封內容尖刻的信回敬那個可惡的傢伙。

「可以狠狠罵他一頓。」林肯說。

斯坦頓立刻寫了一封措辭強烈的信,然後拿給總統看。林肯看後說:「斯坦頓,你真的太會寫了,要看的就是這個!」

但是,當斯坦頓把信折好要裝進信封裡時,林肯卻叫住他,問道:「你要做什麼?」

「寄出去啊!」斯坦頓說。

「不要胡鬧,」林肯說,「這封信不能發,快把它丟到火爐裡。凡是生氣時寫的信,我都是這麼處理的。這封信寫得好,寫的時候你已經解氣了,現在感覺好多了吧,那麼就請你把它燒掉,再寫第二封信吧。」

能認知自己心緒不佳的人多半有意擺脫衝動,但不一定會克制衝動。譬如說,你和別人發生衝突,心裡十分惱火。你一再克制自己,想揍他的過激行動受到自己的勸阻,卻不能澆息你心中的怒火,你可能仍專注於引發憤怒的根源。如果你能清楚地知道「我現在的感受是憤怒」,

便擁有了較大的轉變空間,你可以選擇發洩,也可以決定退一步。對於情商高的人來說,後者是他們明智的選擇。

如果你與別人發生爭執,請數十下再開口、轉移注意力、做幾次深呼吸。諒解的心是最佳的滅火劑。請學會寬容和諒解吧!

CLASS III　管理自我

因為放鬆

　　世界著名航海家詹姆士・庫克（James Cook）船長，曾經在他的日記裡記錄一次令他百思不解的奇遇。

　　當時，庫克船長正率領船隊航行在大西洋上，浩瀚無垠的海面上空出現了龐大的鳥群。數以萬計的海鳥在天空中久久盤旋，並不斷發出震耳欲聾的鳴叫。更奇怪的是，許多鳥在耗盡全部的體力後，義無反顧地投身於茫茫大海之中，海面上不斷激起陣陣水花⋯⋯

　　事實上，庫克船長並非這一悲壯場面的唯一見證者。在他之前，許多經常在那個海域捕魚的漁民都被同樣的景象所震懾。

　　鳥類學家們對這一現象感到十分奇怪，在長期的研究中發現，來自不同地方的候鳥會在大西洋中的這一地點會合，但他們一直沒有搞清楚，那些鳥為何會一隻接一隻心甘情願地投身大海。

　　這個謎團終於在二十世紀中期被解開。

　　原來，海鳥們葬身的地方，很久以前曾經是個小島。對於來自世界各地的候鳥來說，這座小島是牠們遷徙途中的一個落腳點，一個在浩瀚大海中不可缺少的「安全島」，一個在牠們極度疲倦的時候可以棲息身心的地方。

　　然而，在一次的地震中，這座無名的小島沉入大海，永遠地消失了。

　　遷徙途中的候鳥們，依然一如既往地飛到這裡，希望在這裡能夠稍作休整，擺脫長途跋涉帶來的滿身疲憊，積蓄一下力量開始新的征程。

　　但是，在茫茫的大海上，牠們卻再也無法找到牠們寄予希望的那座小島了。早已筋疲力盡的海鳥們，只能無奈地在「安全島」上空盤旋、鳴

叫，盼望著奇蹟的出現。

當牠們徹底失望的時候，全身最後的一點力氣也已經消耗殆盡，只能將自己的身軀化為汪洋大海中的點點白浪，營造出一個個瞬息即逝的「小島」。

同樣，在緊張忙碌的生活中，在人生漫長的「遷徙」旅途中，每個人都有身心疲憊的時候，每個人都需要一個棲息身心的地方。適當的時候你是否讓自己的心靈稍作放鬆？你是否擁有一個可讓自己喘上一口氣、稍作休整的「小島」呢？放鬆放鬆心靈，不要像那些海鳥，等到自己筋疲力盡的時候，只能一頭栽進大海。

高情商者懂得放鬆自己，懂得調適自己的心靈，以一種愉快的心態投入生活和工作中。當然，獲得心靈平靜的首要方法便是洗滌你的心靈，這一點是不可忽視的。

如果你想讓心靈減輕負擔，那麼每一天你都必須盡力去清除困擾自己心靈的情緒渣渣，不使它們控制你的心靈。

相信你曾經有過這樣的體驗，當你把所有煩惱的事情全部向你要好的朋友傾訴後，你會感到心裡舒暢無比。

有一位心理學家曾在一艘開往檀香山的輪船上做過一次心理改造實驗。他建議一些心煩氣躁的人到船尾去，設想已把所有煩惱的事情全都丟進大海中，並且想像自己的煩惱事正淹沒在白浪滔滔的海水裡。

後來，有一位乘客告訴心理學家說：「我照著你建議的方法做後，感覺自己的心裡真是舒暢無比。我打算以後每天晚上都到船尾去，然後把我煩惱的事一件一件地往下丟，直到我全身不再有煩惱為止。」

這件事正好契合了一句話：過去的事情，就讓它過去。

英國前首相勞合・喬治（David Lloyd George, 1st Earl Lloyd-George of

CLASS III　管理自我

Dwyfor）有一個習慣——隨手關上身後的門。

有一天，喬治和朋友在院子裡散步，他們每經過一扇門，喬治總是隨手把門關上。「你有必要把這些門都關上嗎？」朋友很是納悶。

「當然有這個必要。」喬治微笑著對朋友說：「我這一生都在關我身後的門。你知道，這是必須要做的事。當你關門時，也將過去的一切留在後面，不管是美好的成就，還是讓人懊惱的失誤，然後你才可以重新開始。」

從昨天的風雨裡走過來，人身上難免沾染一些塵土和霉氣，心頭多少會留下一些負面的情緒，這是不能完全抹掉的。但如果總是揹著沉重的情緒包袱，不斷地焦躁、氣憤、後悔，就只會白白耗費眼前的大好時光，那也就等於放棄了現在和未來。

追悔過去，只能失掉現在；失掉現在，哪有未來！正如俗話所說：「為誤了第一班火車而懊悔不已的人，肯定還會錯過下一班火車。」

要想成為一個快樂成功的人，最重要的一點就是記得隨手關上身後的門，學會將過去的不快通通忘記，重新開始，振作精神，不使負面的情緒成為明天的包袱。

一個發條上得緊緊的鐘錶不會走得很久，一輛速度經常達到極限的車往往容易壞掉，一根繃得過緊的琴弦很容易斷裂，而一個心情煩躁、緊張、鬱悶的人極為容易生病。

因此，善用鐘錶的人不會把發條上得過緊，善駕車的人不會把車開得過快，善操琴的人不會把琴弦繃得過緊，情商高的人總在為自己的心靈鬆綁。

CLASS IV

激勵自我

性格比智力更高明。偉大的靈魂與我們的想像一樣強大。

──美國作家拉爾夫・沃爾多・愛默生（Ralph Waldo Emerson）

CLASS IV　激勵自我

畫家的智慧

　　有位醫生素以醫術高明享譽醫學界，他的事業蒸蒸日上。但不幸的是，有一天他被診斷罹癌。這對他不啻當頭棒喝。他曾一度情緒低落，但最終他不僅接受這個事實，他的心態也為之一變，變得更寬容、更謙和、更懂得珍惜自己所擁有的一切。在勤奮工作之餘，他從沒有放棄與病魔搏鬥。就這樣，他已平安度過了好幾個年頭。有人驚訝於他的事蹟，就問他是什麼神奇的力量在支撐著他。

　　這位醫生笑盈盈地答道：「是希望，幾乎每天早上，我都給自己一個希望，希望我能多救治一個病人，希望我的笑容能溫暖每個人。」可見，這位醫生不但醫術高明，做人的境界也很高。

　　在這個世界上，有許多事情是我們難以預料的。我們不能控制際遇，卻可以掌握自己；我們無法預知未來，卻可以把握現在；我們不知道自己的生命到底有多長，但我們可以安排當下的生活；我們左右不了變化無常的天氣，卻可以調整自己的心情。只要活著，就有希望，只要每天給自己一個希望，我們的人生就一定不會失色。

　　希望究竟是什麼呢？它是引爆生命潛能的導火線，是激發生命熱情的催化劑。只要心存信念，總有奇蹟發生。希望雖然渺茫，但它永存人世。

　　美國作家歐·亨利（William Sydney Porter）在他的小說〈最後一片葉子〉（*The Last Leaf*）裡講了一個故事。

　　病房裡，一個生命垂危的病人從房間裡看到窗外的一棵樹，樹葉在秋風中一片片地掉落下來。病人望著眼前的蕭蕭落葉，身體也每況愈

下。她說：「當樹葉全部掉光時，我就要死了。」

一位老畫家得知後，用彩筆畫了一片葉脈青翠的樹葉掛在那棵樹的樹枝上。結果，最後那片「葉子」始終沒掉下來。只因生命中的這片綠，那個病人竟奇蹟般地活了下來。

所以，人生可以沒有很多東西，卻唯獨不能沒有希望。希望在人類生活中具有重要的價值。有希望之處，生命就生生不息！

每天給自己一個希望，就是給自己一個目標，給自己一點信心。每天給自己一個希望，我們將活得生機勃勃，熱情澎湃，哪裡還有時間去嘆息、去悲哀，將生命浪費在一些無聊的小事上。

生命是有限的，但希望是無限的，只要我們不忘每天給自己一個希望，我們就一定能夠擁有一個豐富多彩的人生。

CLASS IV　激勵自我

撕掉舊標籤

「大魚吃小魚」，這是大自然的規律，然而科學家透過一項特別的實驗，卻得到了不同的結論。

研究人員將一個很大的魚缸用一塊玻璃隔成了兩半，並在魚缸其中的一半放進了一條大魚，且連續幾天沒有餵食大魚。之後，他們又在另一半魚缸裡放進很多條小魚。當大魚看到小魚後，直接朝著小魚游去，但牠沒有想到中間有一層玻璃隔著，重重地被玻璃擋下。第二次，牠使出渾身的力氣朝小魚衝去，結果還是一樣，這次牠被碰得鼻青臉腫，疼痛難忍，於是徹底放棄眼前的美食。

第二天，科學家將魚缸中間的玻璃抽掉了，小魚們很悠閒地游到那條大魚的面前，此時的大魚再也沒有吃掉小魚的慾望，眼睜睜地看著小魚在自己面前游來游去……

與此相類似的，是一個關於跳蚤的有趣實驗：實驗者往一個玻璃杯裡放進一些跳蚤，發現跳蚤立即輕易地跳了出來。重複幾遍，結果都是一樣。根據測試，跳蚤跳的高度均在其身高的一百倍以上，所以跳蚤稱得上是動物界的跳高冠軍。接下來，實驗者把這些跳蚤再次放進杯子裡，同時在杯子上方加了一個玻璃罩。「嘣」的一聲，跳蚤重重地撞在玻璃罩上。跳蚤十分困惑，但是牠不會停下來，因為跳蚤的生活方式就是「跳」。一次次的被撞經歷，使跳蚤變得聰明起來，牠們開始根據玻璃罩的高度來調整自己所跳的高度。一段時間以後，這些跳蚤再也沒有撞擊到這個玻璃罩，而是在罩下自由地跳動。

一天後，實驗者把玻璃罩輕輕拿掉，跳蚤並不知道玻璃罩已經去掉

了，還是按原來的高度繼續跳躍。一週後，那些跳蚤還在這個玻璃杯裡不停地跳動——牠們已經無法跳出這個玻璃杯了。

後來，生物學家在玻璃杯下方放了一個點燃的酒精燈。不到五分鐘，玻璃杯燒熱了，所有的跳蚤自然發揮求生的本能，再也不管頭是否會被撞痛（因為牠們都以為還有玻璃罩），全部都跳到了玻璃杯以外。

「自我設限」是一件悲哀的事情，跳蚤並非自身失去了原本跳躍的能力，而是由於一次次受挫學乖了、習慣了、麻木了。在現實生活中，有許多人也在過著這樣的跳蚤人生。年輕時意氣風發，屢屢嘗試成功，但是事與願違，屢屢失敗。幾次失敗以後，他們便開始抱怨這個世界不公平，開始懷疑自己的能力，他們不再不惜一切代價去追求成功，而是一再降低成功的標準——即使原有的限制已經被取消。

其實，很多人心靈中也有無形的「玻璃」，他們不敢大膽表明自己的觀點，或者在挫折面前採取「一朝被蛇咬，十年怕井繩」的態度。一個人如果想走向成功，就要不斷打碎心中的這塊「玻璃」，超越無形的障礙！

很多人不敢追求成功，不是他們追求不到成功，而是因為他們在心裡已經預設了一個「高度」，這個高度常常暗示他們的潛意識：成功是不可能的，這個是沒有辦法做到的。因此「心理高度」是人無法取得成就的根本原因之一。在生活中，你可能一直嘗試著做些改變，卻一再地失敗，那一定是你所希望的改變跟你的自我認定不符所致。自我認定只是一種固定的模式，這種模式是可以改變和擴展的。

走進美國航天基地的人會看到一根大圓柱上鐫刻著這樣的文字：If you can dream it, you can do it. 這句話可譯為：如果你能夠想到，你就一定能夠做到。一個人在其生活經歷和社會際遇中如何認識自我，在心裡如何描繪自我形象，也就是你認為自己是個什麼樣的人——成功或是失

CLASS IV　激勵自我

敗、勇敢或是懦弱,都將在相當程度上決定著你的命運。

米蒂是一位精力充沛、熱愛冒險的女性,但她一開始並不是這樣的,這是她經過自我認定後的一個轉變。

米蒂自小時候起就是個膽小鬼,她不敢做任何運動,凡是可能受傷的活動她一概不碰。參加過幾次羅賓的研討會後,她有了一些新的運動經驗,如潛水、赤足過火和高空跳傘,從而知道自己事實上可以做到一些事,只要有一些壓力即可。

即使如此,這些體驗還不足以使她形成有力的信念,改變她先前的自我認定,頂多她自認為是個「有勇氣高空跳傘的膽小鬼」。按照她的說法,當時轉變還沒發生,她有所不知,事實上轉變已經開始。

她說其他人都很羨慕她的那些表現,告訴她:「我真希望也能有你那樣的膽子,敢嘗試這麼多的冒險活動。」

一開始,她對大家誇獎的話的確很高興,聽多了之後她便不得不質疑起來,是不是以前評估錯自己。

「最後,」米蒂說道:「我開始把痛苦跟膽小鬼的想法連在一起,因為我知道膽小鬼的信念讓自己設限,於是我決定不再把自己想成膽小鬼。」事情並不只是說說而已,事實上,她的內心進行著很強烈的爭鬥:一方是她的朋友對她的看法,另一方是她對自己的認定,兩方並不相符。

後來,又有一次高空跳傘訓練,她把這當成是改變自我認定的機會,要從「我可能」變成「我能夠」,從而讓冒險的企圖擴大為勇於冒險的信念。

當飛機攀升到三百八十一公尺的高空時,米蒂望著那些沒什麼跳傘經驗的隊友,多數人都極力壓抑著內心的恐懼,故意裝作興致很高的樣

撕掉舊標籤

子。米蒂告訴自己：「他們現在的樣子正是過去的我，而此刻我已不屬於他們那一群，今天我要好好地玩一玩。」

米蒂運用隊友的恐懼來強化自己希望變成的新角色。隨之，她很驚訝地發現自己剛剛經歷了重大的轉變，她不再是個膽小鬼，而是成為一個敢冒險、有能力、正要去享受人生的人。

她是第一個跳出飛機的隊員。下降時，她一路興奮地高聲狂呼，似乎這輩子從來沒有這麼有活力和興奮。

米蒂之所以能夠跨出自我設限的第一步，主要原因就在於，她採取新的自我認定，從心底想好好表現，以作為其他跳傘者的好榜樣。

米蒂的轉變很徹底，因為新的體驗使她能一步步淡化舊的自我認定，從而做出決定，去拓展更大的可能。新的自我認定使她成為一位真正勇於冒險的領導者。

改變和擴展自我認定是一個艱難的過程，但如果你不滿意當前的自我認定，並下定決心要改變它，那麼你的人生將迅速而奇妙地得到改善，你會發現一個嶄新的自己。自我認定的轉換很可能是人生中最有趣、最神奇和最自在的經驗，當你重新進行自我認定，並撕掉貼在身上的舊標籤之後，你很可能就此超越了過去。

CLASS IV　激勵自我

正面暗示武裝自己

　　思考作用於人的最基本的原則是，你想得越多的事，對你的吸引力越大。所以，你不妨相信這條規則：常想某件事，就會促使它實現。

　　有一位婦女曾說過這樣的話：「我年輕時發誓，絕不嫁姓史密斯的男人，也絕不嫁比我年輕的男人，更不會去從事洗盤子的工作。但現在，這三件事我都做了。」

　　在大型比賽中奪魁的網球好手往往總是在想：「我要得到這兩分，這球是我的！」總是接不到球的人，心中的想法則可能是：「我可別漏接了這個球。」

　　在生活中，總說「我不想生病」的人可能會與病魔大戰一場；老是想著「我不要過寂寞的生活」、「我不想破產」、「我希望這件事情不至於被搞砸」的人，往往會落入他們一心想避免的困境之中。

　　你是否也常聽說類似的事？你是否也曾陷入完全違背你心意的處境？如果有，你可以回味，其實這就是思考的力量。即使你想的是不希望這件事成為事實，你還是會朝著它走去。這是因為心靈只能被誘導去做某事，卻不能接受誘導不去做某事。

　　這也可以解釋你為什麼會把一件傷心事牢記十五年，而沒忘掉半點細節。你開新車的第一天就把車頭撞得稀爛，你當時心裡多半是想著：「我千萬不要把車身撞出凹痕！」這個念頭非常危險，你最好只提醒自己「小心駕駛」，那就夠了。

　　思考是如此奇特，可情商高的人反而能夠恰當地運用它，使自己的人生達到理想的境界。當情緒低沉時，情商高的人善於給自己以正面的

暗示，幫助自己走出困境。

具有自信主動意識的人會長期進行正面的自我暗示，而具有自卑被動意識的人卻總是使用負面的自我暗示。經常進行正面暗示的人會把每一個難題看成是機會和希望，經常進行負面暗示的人則將每一個希望和機會都看成是難題。

信心與意志是一種心理狀態，是一種可以用自我暗示誘導和培養出來的、正面的心理狀態。之所以說心態決定命運，正是以心理暗示決定行為這個事實為依據的。

改變了想法，你就改變了生活。我曾在一本雜誌上看到下面這篇名為〈為了今天〉的計畫，覺得十分有效，特地送給大家，希望能幫助大家消除生活中的大部分憂慮，大大增加生活中的快樂。

為了今天

一、為了今天，我要十分快樂。如果林肯說的「大部分人只要下定決心，就能獲得快樂」這句話是對的，那麼快樂應該是來自內心，而不是存在於外在。

二、為了今天，我要讓自己適應一切，而不去試著調整一切來適應自己的欲望。我要以這種態度接受我的家庭、我的事業和我的運氣。

三、為了今天，我要愛護自己的身體。我要多加運動，善於照顧，善於珍惜，不傷害它，不忽視它，使它能成為我爭取成功的好基礎。

四、為了今天，我要豐富自己的思想，要學習一些有益的東西。我不要做一個胡思亂想的人，要看一些需要思考、更需要集中精神才能看懂的書。

五、為了今天，我要用三件事來鍛鍊我的靈魂，我要為別人做一件

CLASS IV　激勵自我

好事而不讓人知道,我還要做兩件自己並不想做的事,如同威廉‧詹姆斯所說的,只是為了鍛鍊。

六、為了今天,我要做個討人歡喜的人,外表整潔,衣著得體,說話低聲,行動優雅,絲毫不在乎別人的毀譽。對任何事都不挑毛病,也不干涉或教訓別人。

七、為了今天,我要試著認真思考如何度過每一天,而不是試圖將一生的問題一次解決,因為一個人雖能連續工作十二小時,但卻不可能一輩子這樣做下去。

八、為了今天,我要制定一個計劃,寫下每一小時應該做的事,也許我並不會完全照著做,但依然要訂下這個計劃,這樣至少可以免除兩種缺點──過分倉促和猶豫不決。

九、為了今天,我要為自己留下安靜的半個小時,放鬆一下,使自己的生命更充滿希望。

十、為了今天,我要心中毫無畏懼,尤其是不要害怕快樂,我要去欣賞一切美的東西,勇敢地去愛,去相信我愛的人會愛我。

六美分的奇蹟

　　從空中樓閣出發，就是抱著極大的夢想出發。若心中沒有空中樓閣般的想像，就無法朝目標邁出一步，也就不能期待成功了。

　　吉米・馬歇爾被視為職業橄欖球界最難擊敗的人。在運動界，三十歲就會被視為「老年人」，但他擔任守備到四十二歲。

　　從第一次開始打球，在兩百八十二場比賽中，吉米・馬歇爾從未失敗過。有名的四分衛法蘭・塔肯頓曾說，馬歇爾是「在任何運動中，我所認為最有意思的運動員」。

　　其實馬歇爾也曾經歷過很多災難：一次大風雪中，他所有的同伴都不幸過世，唯有他倖存；得過兩次肺炎；在擦槍時，因不小心走火而受過傷；出過幾次車禍，也經歷過外科手術……但這些都沒能擊垮他。他只是輕描淡寫地說：「上帝不要我，因為我的夢想沒有全部實現。」

　　人生因夢想而高飛，所以我們要勇於夢想！勇於希望！勇於認定自己有很大的潛能！就連心理學家也越來越肯定夢想的價值。

　　二〇〇二年十一月二十八日，是感恩節。在這個節日到來的前三天，美國芝加哥市一位名叫賽尼・史密斯的中年男子向當地法院遞交了一份訴狀，要求贖回自己去埃及旅行的權利。

　　這樣的訴求在美國應該說十分普遍。然而，不知是因為它涉及的內容不同一般，還是別的什麼原因，總之，該案在美國引起了軒然大波。

　　這起案子的案情十分簡單。它發生在四十年前，當時賽尼・史密斯六歲，在威靈頓小學讀一年級。有一天，思想品德課老師瑪麗・安小姐讓學生們各說出自己的一個夢想。全班二十四名同學都非常踴躍，尤其

CLASS IV　激勵自我

是史密斯,他一口氣說出兩個:一個是擁有自己的一頭小母牛,另一個是去埃及旅行一次。

可是當瑪麗·安小姐問到一個名叫傑米的男孩時,不知為什麼,他竟一下子沒了夢想。為了讓傑米也擁有一個自己的夢想,她建議傑米向同學購買一個。於是,在瑪麗·安小姐的見證下,傑米用六美分向擁有兩個夢想的史密斯買了一個。由於史密斯當時太想擁有一頭自己的小母牛了,他就讓出了第二個夢想——去埃及旅行一次。

四十年過去了,賽尼·史密斯已人到中年,並且在商界小有成就。四十年來,他去過很多地方——瑞典、丹麥、希臘、中國、日本,然而他從來沒有去過埃及。難道他沒想過去埃及嗎?想過。據他說,從他賣掉去埃及的夢想之後,他就從來沒忘記過這個夢想。然而,作為一個虔誠的基督徒和一個誠信的商人,他不能去埃及,因為他把這一個行為連同那個夢一起賣掉了。

二〇〇二年感恩節前夕,賽尼·史密斯和妻子打算到非洲旅行一次,在設計旅行線路時,妻子把埃及的金字塔作為其中的一個觀光項目。賽尼·史密斯再也忍不住了,他決定贖回那個夢想,因為他覺得只有那樣,他才能坦然地踏上那片土地。

賽尼·史密斯能贖回那個夢想嗎?最終,他沒有贖回那個夢想。因為經聯邦法院審定,那個夢想價值三千萬美元,如果賽尼·史密斯要贖回去,就必須傾家蕩產。其中的緣由,我們從傑米的答辯狀中可略知一二。傑米是這樣說的:

在我接到史密斯先生的律師函時,我正在打點行李,準備全家一起去埃及。這好像是我一口回絕史密斯先生要贖回那個夢想的理由。其實,真正的理由不是我們正準備去埃及,而是這個夢想的價值。

小時候我是一個窮孩子，以至於不敢有自己的夢想。然而，自從我在瑪麗·安小姐的鼓勵下，用六美分從史密斯先生那裡購買了一個夢想之後，我徹底變了，變得富有了。我不再淘氣，不再散漫，不再浪費自己的光陰，我的學習有了很大的進步。

我之所以能考上華盛頓大學，我想完全得益於這個夢想，因為我想去埃及。我之所以能認識我美麗賢慧的妻子，我想也是得益於這個夢想，因為她是一個對埃及文明著迷的人。如果我不是購買了那個夢想，我們絕不會在圖書館裡相遇，更不會擁有一段浪漫迷人的戀愛時光，也不會擁有我們現在這樣的幸福生活。我的兒子現在在史丹佛大學讀書，我想也是得益於這個夢想，因為從小我就告訴他，我有一個夢想，那就是去埃及，如果你能取得好成績，我就帶你去那個美麗的地方。我想他就是在埃及的召喚下，走入史丹佛大學的。

現在我在芝加哥擁有六家超市，總價值三千萬美元。如果我沒有去埃及旅行的那個夢想，我是絕不會擁有這些財富的。

尊敬的法官和陪審團的女士們、先生們，我想假如這個夢想是屬於你們的，你們也一定會認為這個夢想已融入你們的生命之中，已經和你們的生活、你們的命運緊密相連，密不可分。你們一定會認為，這個夢想就是你們的無價之寶。

贖回一個被六美分賣掉的夢想要花三千萬美元。在我們看來也許沒有必要，或者說根本就不值得。然而，據《芝加哥電訊報》報導，後來，賽尼·史密斯提出了上訴，說哪怕花三億，把官司打到自己的曾孫那一代，也要贖回自己兒時的那個夢想。

夢想源於人類的想像，想像的力量實際上是非常巨大的，它能引導一個人走向成功。世界上許多偉大的發明都是由想像而來的。想像是鮮活存在著的力量，是一種奇妙活動著的力量，也是存在於宇宙之中最不可抗拒的力量。

CLASS IV　激勵自我

　　當人們想像時,會觸動心靈深處發生作用,這時候從心底會引發反作用,從而產生外在的複雜效應。這種作用當然是無限大的。日本有一句古語「一念穿岩」,意思是只要去想像,即使是又大又硬的岩石,也可以被人的心意穿透。

　　所以,當人的想像在心靈深處發生作用時,可以把不可能變為可能。想像可以憑藉心靈的作用,使事情的結局如己所願,運勢被啟動,自己的夢想就會成真。

　　想像並不是抽象的東西,也不是不可捉摸、虛無縹緲的東西。實際上,人們享受的一切物質都是工程師或建築師以他們頭腦中的構想為基礎而設計完成的。也就是說,人創造的一切物體皆源於人類的想像力。

　　愛默生曾說:「真正的詩是詩人的心;真正的船是造船者的心。」詩是表現藝術的美麗語言,產生美麗語言的是詩人;船是以設計圖為基礎造成的,但設計圖是根據造船者頭腦中的設想造出的。

　　人生因為夢想而高飛,我們每一個人都應該擁有自己的夢想。

務實的夢想者

　　為了實現夢想，人們必須盡量把目標確定下來，同時向著那個目標不斷地努力。但是，確定目標並非是要你現實地對待任何事，也並非要你把它縮小，而是應該更大、更清楚地把目標設定出來。

　　約翰‧戈達德（John Goddard）小時候是一個勇於夢想、勇於挑戰的人。十五歲時，他將他一生想要做的事列在一張單子上，共有一百二十七個他希望達成的目標，其中包括去尼羅河探險、攀登聖母峰、研究蘇丹的原始部落、五分鐘跑完一千六百公尺、把《聖經》從頭到尾讀一遍、在海中潛水、用鋼琴彈《月光曲》、讀完《大英百科全書》（*Encyclopædia Britannica*）、環遊世界一週等。

　　他是世界上最著名的探險家之一。他完成了一百二十七個人生目標中的一百一十個，也完成許多其他令人興奮的事。

　　目標有著巨大的威力，它能循序漸進地推動夢想的實現。

　　哈佛大學曾做過一項追蹤調查，對象是一群智力、學歷、環境等條件差不多的年輕人，調查目的是測定目標對人生有著怎樣的影響。

　　最初的調查結果為：27％的人沒有目標；60％的人目標模糊；10％的人有明確但比較短期的目標；3％的人有明確且長遠的目標。

　　二十五年後的追蹤研究結果表明，他們的生活狀況及分布現象十分有趣。

　　那些占總調查人數的比例為3％、有明確且長遠目標的人，二十五年來幾乎不曾更改過自己的人生目標。他們懷著自己的夢想，朝著同一方向不懈地努力，二十五年後，他們幾乎都成為社會各界頂尖的成功人

士，他們中不乏白手創業者、行業領袖、社會菁英。

那些占總調查人數的比例為10%、有著明確但比較短期的目標的人，大都生活在社會的中上層。他們的共同特點是，那些短期目標不斷被達成，生活狀態穩步上升，最終成為各行各業不可或缺的專業人才。

那些占總調查人數的比例為60%的目標模糊者，幾乎都生活在社會的中下層，他們能安穩地生活與工作，但並沒有取得什麼特別突出的成就。

剩下27%是那些二十五年來從來沒有過目標的人，他們幾乎都生活在社會的底層。他們的生活過得不如意，甚至失業，靠社會的救濟，並常常抱怨他人、抱怨社會、抱怨世界。

由此可見，目標對人生有著深遠的影響，達到目標是實現夢想的重要步驟。

目標是對所期望成就的事業的真正決心。目標似乎易於實現，因此它比夢想更貼近現實。沒有目標，不可能有任何事情發生，也不可能採取任何措施。如果一個人沒有目標，就只能在人生的旅途上徘徊，永遠到不了成功的彼岸。

正如空氣對於生命一樣，目標對於成功也有絕對的必要。如果沒有空氣，任何人都不能夠生存；如果沒有目標，任何人都不能獲得成功。所以，在採取行動之前，你必須先明確自己想要去的地方。

你過去或現在的情況並不重要，將來想要獲得什麼成就才重要。發展迅速的企業或組織都有十到十五年的長期目標，這就是它在這期間的夢想。

經營者時常反問自己：「我希望公司在十年後是什麼樣的呢？」然後根據這個來規劃應有的各項努力。新工廠的建立並不只是為了適合今天

的需求，更是為了滿足五年、十年以後的需求。

各研究部門也是針對十年或十年以後的產品進行研究。人人都能從很有前途的企業學到一課，那就是我們也應該計劃十年以後的事。

如果你希望自己十年以後變成什麼樣，那麼從現在開始，你就必須努力變成那個樣子，這是一種重要的想法。

那些終生無目的地漂泊的人，他們並沒有一個非常明確的目標，只有不切實際的夢想。沒有目標，就難以產生前進的動力，夢想就變得越來越遙遠。

確定目標可能是不容易的，它甚至包含一些痛苦的自我考驗。但無論需要什麼樣的努力，它都是值得的。

確定目標的最大益處就是，潛意識裡你開始遵循一條普遍的規律進行工作。這條普遍的規律就是，我能想像和相信什麼，就能用正面的心態去完成什麼。如果你預想出你的目的地，你的潛意識就會受到這種自我暗示的影響。它就會進行工作，幫助你到達那裡。如果你知道你需要什麼，你就會有一種傾向：試圖走上正確的軌道，奔向正確的方向。於是你就開始行動了。

這樣一來，你的工作就會變得有趣，你也因受到激勵而願意付出代價，能夠預算好時間和金錢。你願意研究、思考和設計你的目標。你對你的目標思考得越多，你就會越有熱情，你的願望就變得更加強烈。你會對一些機會變得很敏銳，這些機會將幫助你達到目標。

成功者都不是空洞的夢想者，他們的夢想是由目標的珠子連接起來的，有目標的夢想使他們產生不滿足，不滿足激勵他們加倍地奮鬥，終於達成他們的大目標──夢想！

CLASS IV　激勵自我

你就是一道風景

我有一個重大的發現:「人人都有自卑情結」。一個沒有企業的人見到小企業主時自卑,一個小企業主見到大企業家自卑,一個大企業家見到更大的企業家自卑,更大的企業家在以自己的弱項和別人的強項相比時自卑。

自卑是人生命中難以迴避的情感癥結,但並不等於說人生就建築在自卑情結上。人有自卑感,又總是想超脫自卑感,想給人生多一點信心、多一些自豪和多一份自尊。

人不是自輕自賤、不思作為來到這個世界的。人生儘管波浪起伏,給予人蒼涼、悲傷、無助、無奈和自卑,但人不像水中的浮萍,是一個沒有主見、起伏不定、任由命運擺布、任自卑困擾的可憐之物。人是為獲取自尊而不是為自卑活著的。

自卑是生命中的產物,而不是生命本身的實質。因此在人的眾多欲望或需求中,自卑並不占有一席之地,它是後來擠進生命之中的雜物,是伴隨人的需求不能滿足而來的寄生物。

一個人不可能在所有方面都獨占鰲頭,所以總是人外有人天外有天,強中還有強中手。當人們以自己的弱項和別人的強項相比時,就會產生自卑情結。由於人人都有自卑情結,所以人人都需要被認可和被讚美;由於人人都有自卑情結,所以我們要締造自信打造平臺——自己總有比別人強的方面,因此我們可以充滿自信地與人互動。

一位父親很為他的兒子苦惱,因為他的兒子已經十五六歲了,可是仍然自卑。於是父親去拜訪一位禪師,請他訓練自己的孩子。

你就是一道風景

禪師說：「你把他留在我這裡，三個月以後，我一定可以讓他脫胎換骨。」父親同意了。三個月後，父親來接孩子。禪師安排孩子和一個空手道教練進行一場比賽，以展示這三個月的訓練成果。

教練一出手，孩子便應聲倒地。他站起來繼續迎接挑戰，但馬上又被打倒，他又站起來……就這樣來來回回一共十六次。

禪師問父親：「你覺得你兒子現在還自卑嗎？」父親說：「我簡直羞愧死了！想不到我送他來這裡受訓三個月，看到的結果是他這麼不經打，被人一打就倒。」

禪師說：「你只看到了表面的勝負，卻沒有看到你兒子那種倒下去立刻又站起來的信心和勇氣。」

在這個世界上，你是獨一無二的，所以沒有必要去仰視別人，你就是一道風景。只要你不懈追求，相信自己不比別人差，就一定會取得成功。

CLASS IV　激勵自我

替自己鼓掌

　　人生如戲，你在舞臺上表演著屬於自己的各種角色──孩子、戀人、妻子（丈夫）、上司、下屬……你可能是一個出色的演員，是主角，吸引別人的關注，贏得別人的喝采聲。也有可能，你只是默默無聞地表演著自己，沒有人注意到你，當然更不會有人為你叫好、為你鼓掌。在這個時候，請不要沮喪，不要默默地讓生命的熱情消逝，你可以為自己鼓掌。

　　一九四二年七月，在蘇聯衛國戰爭前線，一位年輕的蘇聯士兵受傷了，他的腳被飛濺而來的彈片炸得血肉模糊。醫院要立即對他進行手術，準備為他施打麻醉藥。

　　年輕的士兵艱難地對護士說：「我怕自己再也醒不過來了，長久以來我有一個心願，我請求你能幫我完成它，不要讓我遺憾……我長這麼大幾乎沒有人讚揚過我，雖然我一直很努力地表現自己……我的成績不好，在學校沒有老師喜歡我，也沒有同學敬佩我，甚至我的父母也沒有用誇獎和掌聲鼓勵我……」

　　年輕士兵的臉色越來越蒼白，但是他繼續說道：「我請求你們能為我鼓掌，只為我一個人鼓掌。如果我不再醒來，我就是為了蘇維埃而犧牲的……我應該成為國家和人民的驕傲，不是嗎？」

　　士兵的眼睛充滿期待，護士和醫生們的眼睛裡都噙著淚水，病房裡爆發出熱烈而持久的掌聲。年輕的士兵也跟著為自己鼓掌，隨後滿足地閉上眼睛。

　　別人的喝采聲是對你的認可、鼓勵和讚揚，每個人都希望透過別人

替自己鼓掌

的認可來增加自己的信心，或者證明自己的價值。

一個人最糟的狀態是失去對自己的了解和支配。如果這樣，那麼當你面前沒有別人的笑臉和鮮花時，當你耳邊沒有別人的掌聲和讚嘆聲時，你就很容易迷失，認為自己什麼都不是。比如，在談判時對方故意指出你一些很不重要的缺點、在公司裡有人對你冷嘲熱諷⋯⋯鑒於此，你是否對自己的能力產生懷疑，從而出現不自信呢？

如果你認為自己被打倒了，那麼你就真的被打倒了；如果你想贏，但是認為自己沒有實力，那麼你就一定不會贏；如果你認為自己會失敗，那麼你就一定會失敗。勝利始於個人求勝的意志和信心，勝利者都屬於有信心的人。一個不能說服自己一定能夠完成自己的任務的人，是不會有自信心的。

不要自我貶低，每個人都擁有使自己變得強大的力量。事物本身並不影響人，人們只受對事物看法的影響。不要把自己想像成一個失敗者，而要盡量把自己當成一個贏家。人生來就沒有什麼局限，無論男性或女性，每個人內心都有一個沉睡的巨人，那就是自信。

自信是成功的泉源，基於情商的自信是在正確認識自己的前提下獲得的。法國存在主義哲學大師、獲得諾貝爾獎但拒絕領獎的薩特說：「一個人想成為什麼，他就會成為什麼。」

在開始做一件事情之前，要充分信任自己的能力，要對自己的成功深信不疑，同時還要有創造精神。有創造精神的人是人生態度好的。

自信是可以跨越自卑的，是戰勝自卑的有力武器。自信不是對生命的失望、無助、無奈，以及對生命的傷感、悲憤和蒼涼，而是充滿著對生命的信心，體現著生命中主動、明亮的旋律，是生命的光點。

自信體驗的是人生光明、甘甜和美妙的一面，自信給予人的是生命

CLASS IV　激勵自我

的希望和對未來美好的憧憬。人類社會能從茹毛飲血發展到電子時代，從鑽木取火發展到今天的核能發電，就是憑藉自信的力量。沒有自信，人類將一事無成；沒有自信，個人將毫無價值。

自信源於自尊，自尊是人的高級需求。人與動物的根本差異就在於，人能在自我意識的支配下將人的低階需求向高級需求的滿足延伸。人沒有被自然本能所淹沒，就在於他有自尊感；個人沒有完全消失而獨立存在，就在於每一個人都期望於自尊、自重，並努力地去滿足自尊、自重的需求。

當沒有人喝采的時候，自己為自己鼓掌吧！在你的靈魂深處，頑強地為自己加油，自己肯定自己，永無止息地激發自己的信心和熱情。我們要為自己鼓掌，在布滿荊棘的生活道路上充滿自信地向自己的目的地邁出堅定的步伐。

坐前排，大聲發言

在世界各地，每天都有不少年輕人開始新的工作，他們都希望自己能登上最高階層，享受隨之而來的成功果實。但是他們絕大多數都不具備必要的信心與決心，而無法實現自己的願望。也因為他們相信自己實現不了，以至於找不到登上巔峰的途徑。初入社會的年輕人要想成功，必須克服自己的自卑感。

自信是一種心態，是對自己能力的信任、非能力的信任和潛能力的信任。自信表現為一種自我肯定、自我鼓勵、自我強化，堅信自己一定能成功的情緒素養。沒有自信心，就沒有生活的熱情和趣味，也就沒有探索打拚的勇氣和力量。

能力自信──自己能做的事，就相信自己能做。勇於將自己的能力表現出來，該出風頭時就出風頭，不懼人言。這種自信是保證將自己的能力充分發揮的前提，是自信的第一個層次。如果你擁有這份自信，又沒有任何外界影響，那麼你所表現出來的就是做你能力範圍之內的事。

非能力自信──自己不能做的事，就是不能做，也坦然處之，不會覺得自己不能做就低人一等，更不會影響自己對有能力事情的自信，這是自信的第二個層次。你是圍棋高手，沒有必要因為不擅長象棋而自卑。

人無完人，每個人都有自己不能做的事，而人又是社會性的，總會有人對你的非能力之事做出各種評價，甚至是詆毀。這時人往往會受到打擊，會由對自己非能力的不自信而導致對自己能力的不自信，認為自己窩囊，什麼事情都不行。

CLASS IV　激勵自我

　　一件事情的成功往往需要很多因素，事實上你只要具備其中幾個關鍵性因素的能力，就可能獲得成功，而你在非關鍵因素上的非能力，並不會影響成功。但往往在外界影響下，對非能力的不自信會導致你對整個能力的不自信，以致最後失敗。

　　你應徵到某家企業負責某項產品的市場行銷工作，你相信自己對市場有著敏銳的感知，但你缺乏這方面的工作經驗。於是，很多人在你面前或背後說，你做不好這件事，你一定會失敗，因為你沒有經驗。鑒於這些議論，你開始懷疑自己、畏縮不前，信心受到打擊，從而造成失敗。

　　但事實上，你一定要具備經驗嗎？不一定。你已經具備了創新的前提，雖然沒有經驗，但可以去學習，所以完全沒有必要因此而自卑。

　　一般來說，自信者都有一個良好的心態，對能做的事情相信能夠做好，對不能做的事情坦然處之，或學習去做它。對非能力的自信是能力自信的保證，如果你既具備能力自信，也擁有非能力自信，就會在外界的影響下充分展示自己的能力。

　　潛能力自信──人的能力是有很大潛力的，你本身具備的能力可能並未被你所意識到，有些事你可能沒有能力做，但你必須做。比如在背水一戰的關鍵時刻，你必須相信自己能做到，這就是潛能力的自信，也是自信的第三個層次。

　　潛能力自信是一定意義上的盲目自信，相信能做好自己必須做的事。相信自己有本事去做事，而心安理得、心平氣和叫自信；相信自己沒本事而不去做事，不做仍然心安理得，也是自信。

　　由於自信是一種情緒素養，所以它在每個人身上的表現並不一樣。要建立完善的自信心，就需要不斷地學習和訓練。下面是六種建立信心的練習，只要用心學習，定能助你建立完善的自信心。

◇ 突顯自己

在會議室、教室或其他聚會場合，大多數人都喜歡擠到後排去坐，主動坐前面座位的人總是寥寥無幾，非得等到主持人或老師請大家往前排坐時，才會不好意思地往前面坐下。他們如此做的目的只是害怕自己太明顯，原因是他們都缺乏自信心。

往前排坐能幫助你建立自信心，所以從今天開始，凡是參加演講或聚會，你都要習慣於坐前排，也許太顯眼，但是要成功就要處處樹立自信心，不要怕表現自己。

◇ 練習眼光與別人接觸

缺乏自信心的人在與人交談時，眼光總是四處飄蕩，不敢正視對方，所以從眼神中就可以看出一個人是什麼樣的人。對於不敢正眼看你的人，你會有這樣的疑問：他在怕什麼？他是不是想欺騙我什麼？或是隱瞞了什麼？

通常情況下，努力避開他人的眼光，不想與別人進行眼光接觸的行為可能說明兩件事：一是在對方的目光下我自覺軟弱，我顯得非常渺小；二是我有罪惡感，我做了不想讓對方知道的事，如果我的眼神與對方接觸，對方將會看透我，讓我無地自容。

正視顧客的眼光會在無形中告訴他，我是真誠的、光明磊落的，相信我所告訴你的，我有十足的信心。利用你的眼光幫你的忙，直視別人的雙眼，它不但會給予你信心，更能讓你贏得顧客的信任。

CLASS IV　激勵自我

◇ 加快你的腳步

　　仔細研究人們走路的情形，將會發現人類的行為與移動的情形有緊密的關係。心理學家將散漫的姿態和懶洋洋的步履對個人、工作及周圍人的不悅態度連在一起，然後告訴我們，你能以行動與姿態真正改變你的態度。

　　身體活動是心智活動的結果，外在的行為完全由心智所操縱。遭受打擊者、窮困潦倒者、步履蹣跚者，從他們的行為和外表看來，他們絲毫沒有一點自信。平凡者具有平凡的走路姿態，他們的步履平凡，悠遊自然，外表看起來就是一副沒有什麼事會令我自卑的樣子。

　　根據研究，日耳曼民族是世界上平均走得最快的民族，足以顯現出其民族優越感。事實也的確如此，現今的世界名車，有許多就是出自德國人之手。所以，你不妨利用加快行走速度的方式協助自己建立自信。抬起頭，挺起胸膛，加快步伐前行，你將會感到信心倍增。

◇ 勇於表達意見

　　在許多公開的討論會中，沉默者總是占大多數，他們都不願發表自己的意見，並自忖：「我的意見也許毫無價值，如果發言的話可能讓人覺得我是多麼愚蠢，我最好一言不發。」

　　缺乏自信的沉默者在每次的會議中越是沉默不說話，越是感到自己無能與不如人。他們常對自己許下微弱的承諾，下一次一定要發言。但真正等到下一次會議，他們還是不會發言，而且對自己愈來愈沒有信心。其實，嘗試著將話說出來，你的信心便會愈見增強，更利於你在下一次發言中大聲地把話說出來，它是建立信心的維生素。

這種訓練可從平常的家庭會議、公司會議、研討會或其他聚會場合做起，發表你的看法，不要有例外。要評論、提建議，試著突破僵局、率先發表評語，不要做最後的發言者。絕對不要看輕自己，你不是愚蠢的，要停止問自己「我懷疑我是否敢說出來」，這只會增加你的遲疑，無法做出正確的決定。

◇ 綻放笑容

大多數人曾聽說過，微笑能給予人動力，微笑是信心不足的良藥。然而有許多人並不相信，因為他們從未在感覺害怕時試著笑一笑。

事實上，在遭受挫敗時綻放笑容能給予你信心，打敗恐懼，趕走擔憂。真正的笑容不僅能醫治你病懨懨的感覺，而且能立刻解除別人對你的敵意，如果你真誠地對別人一笑，別人將無法對你動怒。綻放笑容，你會覺得快樂的時光彷彿又來臨了，運用微笑的力量能化解所有的憂愁。

◇ 回憶成功

當你懷疑自己的能力，並被自卑感所困擾的時候，你不妨從過去的成功經歷中汲取養分，來滋潤你的信心。

你不要沉溺於對失敗經歷的回憶，要將失敗的意象從你腦海裡趕出去，因為那是一個不友好的訪客。失敗不是人生主要的一面，只是偶爾存在的黑暗。

我們應該多多關注自己的成功，仔細回憶成功過程的每一個環節，看看自己當初是怎樣走上成功的。一連串的成功貫穿起來就構成一個成

CLASS IV　激勵自我

功者的形象。它會強烈地向你暗示，你是具有決策力和行動力的，你能夠擁有成功的人生。正如英國作家羅伯‧希裡爾所說：「對自己有信心，是所有其他信心中最重要的部分，缺少它，整個生命都會癱瘓。」

當一個人看到具有紀念價值的物品時，往往會產生無限的聯想。比如看到獎狀、獎盃時，便會回憶起自己從前獲得成功時的情景。當然，你也可以看看自己最滿意的照片，照片能喚起對往事的回憶，將一個生動的自我形象清楚地刻在自己的腦海裡。

自卑的人不妨將自己最得意的照片隨身帶著，當你情緒低落時，它能有效地調節你的心情。照片上那張生動的臉、飛揚的身段和洋溢的喜悅，對於沮喪的你來說，無異於一種振奮劑。它會明確地提醒你，你能夠以光彩奪目的形象出現，從而會增強你的信心，產生一股向一切困難進行挑戰的勇氣。

自信罐

　　有個叫西格的女子,自從接連生了三個孩子之後,整天煩躁不安。四歲的孩子整日玩鬧,十九個月大的孩子整夜啼哭,還有一個嬰兒需要不斷地餵奶。那一段日子,西格的精神幾乎要崩潰了。長期的睡眠不足使她無法以正常的心態看待周圍的世界,也無法正常地看待自己。她甚至懷疑自己連幾個孩子都照顧不了,以後還能做什麼呢?

　　就在這時候,西格一個叫海倫的朋友從另外一個城市託人帶了一份禮物給她。西格打開一看,是一個裝飾得很漂亮的陶瓷容器,外面還貼著一個標籤,上面寫著:「西格的自信罐,需要時用。」罐子裡面裝著幾十張捲起來的淺藍色紙條,每張小紙條上都寫著海倫送給西格的一句話。西格迫不及待地一張張攤開,只見上面分別寫著:

　　上帝微笑著送給我一件寶貴的禮物,她的名字叫「西格」;我珍惜你的友誼;我欣賞你的執著;我希望住在離你家廚房三十公尺遠的地方;你很好客;你有寬廣的胸懷;你是我願意一起在一家百貨公司待上一整天的那個人;你做什麼事都那麼仔細,那麼任勞任怨;我相信你能做好任何你想做的事情;我提兩點建議:第一,當你完成一件自己想做的事情,或者得到別人的稱讚和肯定的時候,就寫一張小紙條放在這個罐子裡;第二,當你遇到困難和挫折,或者有點心灰意冷的時候,就從這個小罐子裡拿出幾張紙條來看看。

　　讀到這裡,西格的眼眶溼了。因為她深深地感覺到,她正被別人愛著,被別人關心著,困難只是暫時的,自己也是很棒的。從那以後,西格就把這個「自信罐」擺在家裡最醒目的地方。只要遇到壓力和困難,她

CLASS IV　激勵自我

就情不自禁地伸手去摸罐子裡的小紙條。

十五年年以後，西格成為一所幼稚園的園長，很多家長都願意把孩子送到她的幼稚園，因為她的自信激發孩子們的自信。從這所幼稚園走出去的孩子，每個人都有一個「自信罐」。

自信來源於自知。這個世界上的任何人都擁有別人所不能擁有的東西。一個人的一生就是尋找和探索的過程。只要自己的「人生密碼」和「事業密碼」對上，那就像一把鑰匙開了一把鎖，接著徐徐打開的便是成功的大門。

你不擅長數學，卻擅長國文；不擅長國文，卻擅長音樂；不擅長音樂，卻擅長繪畫；不擅長繪畫，卻擅長體育；不擅長體育，卻擅長工藝；不擅長工藝，卻擅長經營；不擅長經營，卻擅長駕駛；不擅長駕駛，卻擅長種植；不擅長種植，卻擅長捕獵；不擅長捕獵，卻擅長……總有一種職業，總有一樣東西，會讓你大放異彩、出類拔萃。只是有很多人在尋找的途中，因為困難，因為壓力，因為氣餒，便輕言放棄。他們缺少的，正是一個「自信罐」。

下面這個實驗很有趣，可以測測你「自信罐」裡的自信到底有多少。

1. 自己的家庭和生活需要和周圍人保持相同水準，你認為這個見解如何？

    A・完全正確　B・有點正確　C・不對

2. 出席宴會時，你如何尋找適當的異性？

    A・找出最滿意的人，主動接近對方。

    B・身邊任何一位都可以。

    C・跟看上去坦誠親切的人搭話。

3. 當你經過陳列窗或鏡子前面的時候,你喜歡停留一下,照照自己嗎?

　　A‧經常　B‧偶爾　C‧很少

4. 由於你的過失而出現不愉快的場面或難題的時候,你會怎麼辦?

　　A‧為了使自己不受責備,想出一套似是而非的託詞。

　　B‧承擔起應負的責任,盡全力處理善後問題。

　　C‧嘗試著改變事態,並尋求對自己有利的解釋。

5. 對自己不熟悉或不擅長的事,你可以大膽愉快地接觸它嗎?

　　A‧很難　B‧偶爾　C‧可以

計分方法:

題號＼選項	A	B	C
1	1	3	3
2	5	1	3
3	5	3	1
4	1	5	3
5	1	3	5

說明:

21～25分,說明你樂觀自信,對自己的才能和外表充滿自信和驕傲。如果偶爾有自卑感,也是環境變化的緣故,譬如處於人才濟濟的場所等。

16～20分,說明你的理想太大,不切實際。你不滿足於現狀,想出人頭地,從而導致你去追求不切實際的東西。也可以說,你過於追求完美,過於計較,反倒令自己陷入自卑感中不能自拔。

CLASS IV　激勵自我

11～15分,說明你在做事前就貿然地斷定自己不行,自認為不如別人。主要原因是你不了解周圍人的真實狀況,不清楚事情的本來面目。如果弄清楚的話你就會恍然大悟,並隨之坦然自若。你的缺點在於一旦認為自己不行就會心灰意冷。

5～10分,說明你對自己缺乏自信,習慣用負面悲觀的眼光看待事物,只看到不利之處,所以總是尚未嘗試就想著退縮。其實,更多時候你是被自己的想像打敗的。

用「偽裝」進行轉化

我們對待生活往往有兩種截然不同的態度——正面或負面，於是就有肯定自己和否定自己的現象發生。如果你想有自信，那麼從現在開始，你就要用肯定的方式對待自己，這會帶來許多意想不到的好處給你。

美國心理學家霍特列舉過一個例子：

有一天，友人弗雷德感到意志消沉，他通常採取的應付情緒低落的辦法是避不見人，直到這種心情消散為止。但這天他要和上司舉行重要會議，所以他決定裝出一副快樂的表情。在會議上，他笑容可掬，談笑風生，裝成心情愉快而又和藹可親的樣子。

令他驚奇的是，一小時過後，他發現自己真的不再萎靡不振了。弗雷德並不知道，他在無意中採用了心理學研究方面的一項重要原理：假裝有某種心情，往往能幫助你真正獲得這種感受——在困境中有自信，在不如意時較為快樂。

多年來，心理學家都認為，除非人們能改變自己的情緒，否則通常不會改變行為。我們常常逗淚眼汪汪的孩子說「笑一笑」，結果孩子勉強笑了笑之後，跟著就真的開心起來。情緒改變導致行為改變。

心理學家艾克曼的實驗表明，一個人總是想像自己進入某種情境，感受某種情緒，結果這種情緒十有八九真會到來。一個故意裝作憤怒的實驗者，由於「角色」的影響，他的心率和體溫就會上升。心理學研究的這個新發現可以幫助我們有效地擺脫壞心情，其辦法就是「心臨美境」。

例如，一個人在煩惱的時候，可以多回憶自己愉快的時候，還可以用微笑來激勵自己。當然，笑要真笑，要盡量多想快樂的事情。為什麼

CLASS IV　激勵自我

「自賣自誇」的人比較容易成功，就是因為他們能用肯定的方式使自己變得自信，並感染他人，使自己變得成功。

正面心態來源於在心理上進行正面的自我暗示，反之，負面心態是人們經常在心理上進行負面的自我暗示的結果。它是一種自動的暗示，能溝通人的思考與潛意識。它是一種提醒和指令，會告訴你注意什麼、追求什麼，致力於什麼和怎樣行動，因而它能支配影響你的行為。

一個人可以經過正面的心理暗示自動地把成功的種子和創造性的想法灌輸到潛意識的大片沃土中。相反，人們也可以灌輸負面的種子或破壞性的想法，使潛意識這塊肥沃的土地滿目瘡痍。也就是說，不同的意識與心態會有不同的心理暗示，而心理暗示的不同也是形成不同的意識與心態的根源。

英國著名心理學家哈德菲爾，在他那本只有五十四頁卻非常了不起的小書《力量心理學》裡記錄了一個實驗：

哈德菲爾請來三個人，並告訴他們，不管在哪種情況下，都要盡全力抓緊握力計。實驗開始，在一般的清醒狀態下，三個人平均的握力是一百一十一磅。

第二次實驗則是將他們催眠，並告訴他們，他們非常虛弱。實驗結果顯示，他們的握力只有二十九磅──還不到他們正常力量的 1／3。

最後，哈德飛又讓這三個人做第三次實驗：在催眠之後，告訴他們，他們非常強壯，結果他們的握力平均達到一百四十二磅。

當他們在思想裡很肯定地認定自己有力量之後，他們的力量幾乎增加了 50%。這就是我們難以置信的心理暗示的力量。

經常進行正面的心理暗示，並長期堅持，就意味著正面的自我暗示能自動進入潛意識，影響意識。只有潛意識改變了，才會成為習慣。

從不快樂中解脫

負面情緒很難用科學字眼來準確解釋，但是每個人都知道這是怎麼回事。保羅在一家夜總會裡做事，收入不多，然而他每天都很快樂。

保羅很愛車，但憑他的收入想買車是不可能的事情。與朋友們在一起的時候，他總是說：「要是有一輛車該多好啊！」眼中盡是無限嚮往之情。

後來有人說：「你去買樂透吧，中了大獎就可以買車了！」於是保羅買了一張兩塊錢的樂透。可能是上天過於垂憐他，朋友們幾乎不敢相信，保羅就憑著兩塊錢的一張樂透，果真中了大獎。

保羅終於實現自己的願望，他買了一輛車，整天開著車兜風，夜總會也去得少了，經常有人看見他吹著口哨在林蔭道上行駛，車子擦得一塵不染。

一天，保羅把車停在樓下，半小時後下樓，竟發現車被偷了。剛開始，保羅有些遺憾，但更多的是氣憤。那天晚上，他鬱悶很久，但第二天早上，他又變得很開心。

當幾個朋友得知保羅的車被偷的消息之後，想到他那麼愛車如命，花那麼多錢才買的車，眨眼就沒了，都擔心他受不了，就相約來安慰他。

保羅正準備去夜總會上班，朋友們說：「保羅，車丟了，你千萬不要悲傷啊！」保羅卻大笑起來：「我為什麼要悲傷啊？」

朋友們互相疑惑地望著。

「如果你們誰不小心丟了兩塊錢，會悲傷嗎？」保羅說。

CLASS IV 激勵自我

「當然不會！」有人說。

「是啊，我丟的就是兩塊錢啊！」保羅笑道。

是的，不要為兩塊錢而悲傷。保羅之所以過得快樂，就是因為他能夠駕馭生活中的負面情緒。

負面情緒會成為人們前進道路上的桎梏，如果對負面情緒採取放任自流的態度，就很容易影響到生活。一個不能丟掉負面情緒的人是不可能成功的。

幾年前，東京電話公司處理了一起事件。那起事件的大致經過是這樣的：有一天，一個氣勢洶洶的客戶對該公司的接線生口吐惡言，他怒火中燒，並威脅說要把電話連線拔起。他拒絕繳付那些費用，說那些費用是無中生有。他寫信給報社，並到消費者協會做了無數次申訴，也告了電話公司好幾狀。

最後，電話公司派了公司最幹練的調解員去會見他。

調解員來到那個客戶家裡，道明來意。憤怒的客戶痛痛快快地把自己的不滿全盤發洩出來，調解員靜靜地聽著，不停地說「是的，是的」對他的不滿很是同情。第一次見面花了六小時。

就這樣，調解員與憤怒的客戶一共見了四次面，到最後，那個客戶竟然變得友善起來了。

調解員說：「在第一次見面的時候，我甚至沒有提出我去找他的原因，第二次和第三次也沒有，但是第四次我把這件事完全解決了，他把所有的帳單都付清了，而且撤銷那份申訴。」

事實上，那個客戶所要的只是一種重要人物的感覺。他先以口出惡言和發牢騷的方式取得這種感受，等他從電話公司的調解員那裡充分得

到那種感覺之後，無中生有的牢騷便化為烏有了。

這個高情商的調解員就這樣輕而易舉地駕馭了那個客戶的負面情緒，把負面情緒轉化成一種成功的動力。

要保持健康的情緒狀態，還需要在頭腦中安裝一個控制情緒活動的「閥門」，讓情緒活動聽從理智和意志的控制，而絕對不能任其自流。

凡是理智和意志能有效控制情緒的人，基本上都能保持情緒的平靜和穩定，這是一個人取得成功的關鍵。

能夠駕馭自己的負面情緒，並努力發掘、利用每一種情緒的正面因素，是一個高情商者所需的基本素養，也是一個人成功的基本保證。但許多不善於利用自己情感智力的人，在負面情緒侵擾自身的時候，往往會感到無所適從，心靈任其啃噬。

我們當中有不少人特別在意別人對自己的看法，諸如，自己穿了一件新衣服，別人會怎樣評價；自己的某個動作，別人會如何看待；甚至自己不小心說了一句什麼話，也會後悔不已，總擔心別人會因此對自己有看法。生活在別人的眼光中是非常累的，這無疑會對自己的情緒產生負面影響。

莫娜是這屆運動會公認的奪冠人選，她進場時引起了全場觀眾的歡呼，她也很高興地跟大家揮手致意。不料，心情極佳的莫娜被臺階絆了一下，當場摔倒了。

面對眾多的熱情觀眾，莫娜感到十分沒面子，心裡升起一種羞愧的感覺，直到進入比賽，她還沒有從羞愧的情緒裡走出來。結果，她沒有發揮出自己應有的水準，比賽成績遠遠落在其他隊員的後面。

其實，一些小事根本就不值得一提，別人也許並沒有在意或早已忘

CLASS IV　激勵自我

卻，只有你還耿耿於懷，這就是人們無法戰勝自己的表現。人們總是努力地想去扮演一個完美主義者，然而這只會加重負面情緒的影響，造成自己的心理障礙。

在契訶夫的短篇小說〈小公務員之死〉（*The Death of a Government Clerk*）中，那位公務員在看戲時，很不幸地與部長大人坐在一起，更不幸的是他打噴嚏噴到到部長的大衣上。無論他如何解釋，部長大人好像都沒有原諒他的意思，他便開始神經質地惶惶不安起來，在巨大的精神壓力下，小公務員竟然一命嗚呼了。

生活中，同樣有不少人會把不經意的小事放在心裡，寢食難安，最終釀成影響自己的負面情緒。其實，生活中小小的失誤不妨由它去吧，丟掉心中的負面情緒，學會輕鬆地生活，一切都會變得美好起來。

快樂自己做主

　　我們的命運完全取決於我們的心態！因為每個人的特性都是由思考而來的，正如愛默生所說：「一個人就是他整天所想的那些，他不能夠成為別種樣子！」心理學研究證實：如果我們想的都是快樂的念頭，我們就能快樂；如果我們想的都是悲傷的事情，我們就會悲傷；如果我們想的全是失敗，我們就會失敗；如果我們想的全是一些可怕的情況，我們就會害怕；如果我們沉浸在自憐裡，大家都會有意躲開我們……那麼，如果我們想的盡是成功，結果又會怎麼樣呢？答案是我們會成功。

　　在一項試驗中，工作人員請被測試的一組中學生考慮下面這個假設性問題：你設定的學期目標是八十分，一週前，學校舉行的第一次月考成績（占總成績的30%）發下來了，你只得了六十分。你接下來會怎麼做？

　　每個人的做法因心態而異。最樂觀的學生決定要更用功，並想了各種補救的方法；次樂觀的學生也想到一些方法，但並沒有實踐的毅力；悲觀的學生則根本宣布放棄，一蹶不振。

　　專家的解釋是，樂觀的學生會制定較高的目標，並知道如何努力去達成。透過對學生的智慧比較發現，影響其學業成績的主要因素是心態是否樂觀。

　　高度樂觀的人具有共同的特質：能自我激勵，努力尋求各種方法以實現目標，遭遇困境時能自我安慰，知道變通，能將艱鉅的大任務一一分解成容易解決的小目標。

　　從情商的角度來看，樂觀是指面對挑戰或挫折，不會滿腹焦慮、絕

CLASS IV　激勵自我

望憂鬱，甚至意志消沉。

馬特‧比昂迪（Matthew "Matt" Nicholas Biondi）是美國知名的游泳選手，一九八八年代表美國參加奧運會，被認為極有希望繼一九七二年馬克‧史必茲（Mark Andrew Spitz）之後再奪七項金牌。但比昂迪在第一項兩百公尺自由游中竟落居第三，在第二項一百公尺蝶泳中原本領先，但到最後一公尺硬是被第二名超車。

很多人都以為，兩度失金一定會影響比昂迪後續的表現，但沒想到他在後五項比賽中竟連連奪冠。對此，美國賓夕法尼亞大學心理學教授馬丁‧賽里格曼並不感到意外，因為他在之前曾為比昂迪做過樂觀影響的實驗。

實驗內容是，在一次游泳表演後，比昂迪表現得很不錯，但教練故意告訴他得分很差，讓比昂迪稍作休息再試一次，結果第二次更加出色。但參與同一實驗的其他隊友卻因此影響了第二次的成績。

樂觀者面臨挫折仍堅信情勢定會好轉。從情商的角度來看，樂觀能使陷入困境中的人不會感到冷漠、無力和沮喪。樂觀和自信一樣，會使人生的旅途更加順暢。

樂觀的人認為失敗是可改變的，結果反而能轉敗為勝。悲觀的人則把失敗歸咎於個性上無力改變的恆久特質，個人對此無能為力。不同的解釋會對人生的抉擇造成不同的深遠影響。

研究顯示，在焦慮、生氣、憂鬱、沮喪的情況下，任何人都無法有效地接受資訊，或妥善地處理資訊。情緒沮喪的悲觀者會嚴重影響智力的發揮，因為沮喪悲觀的情緒會壓制大腦的思維能力，從而使人的思維癱瘓。

心理學家曾做過一個「半杯水實驗」，這個實驗準確地預測出樂觀者

和悲觀者的情緒特點。悲觀者面對半杯水會說：「我只剩下半杯水了。」而樂觀者則會說：「我還有半杯水呢！」對高情商的樂觀者來說，外在世界總是充滿著光明和希望。

樂觀使人經常處於輕鬆、自信的心境，情緒穩定，精神飽滿，對外界沒有過分的苛求，對自己有恰當客觀的評價。樂觀的人在遭遇挫折、失敗時，常會看到光明的一面，也能發現新的意義和價值，而不是輕易地自責或怨天尤人。而悲觀者一般很敏感、很脆弱，內心的情感體驗細緻、豐富，一遇挫折就會比一般人感受得深，體驗得多。

樂觀的人在求職失敗後，多半會擬訂下一步計劃或尋求協助，他們認為挫折是可以補救的。反之，悲觀的人則認為事情已無力迴天，從而不再思考解決之道，將挫折歸咎於本身恆久的缺陷。

樂觀與信心一樣，可用以預測學生的學業成績。一九八四年，賽里格曼曾以賓夕法尼亞大學五百名新生為對象做樂觀測試，結果發現，樂觀測試成績比入學考試更能準確地預測出學生在第一學年的學習成績。

賽里格曼指出，入學考試測量的是一個人的能力，而樂觀測試根據每個人解釋成敗的角度可看出他是否容易放棄。

一定的能力加上不畏挫折的心態才能成功，動機是入學考試測不出來的，而在預測一個人的成就時，很重要的一點，就是看他能否愈挫愈勇。對智力相當的人而言，實際成就不僅與才能有關，同時也與失敗承受力有關。

樂觀心態對銷售成績的影響說明了情商的本質。對業務員而言，每一次被拒絕都是一次小挫折，業績的好壞取決於個人是否有足夠的動力繼續嘗試。

一次次地被拒必然會打擊士氣，讓人覺得拿起電話筒拜訪客戶愈來

CLASS IV　激勵自我

愈艱難。生性悲觀的人尤其難以承受，屢次被拒必然會導致其灰心，甚至沮喪。而生性樂觀的人則能從自身以外找到導致失敗的其他因素，因而能嘗試新的方法。

樂觀與悲觀部分是與生俱來的，但天性也是可以改變的。樂觀與希望都可以透過學習而得，正如絕望與無力也能慢慢養成。

要想擺脫憂愁，使自己樂觀起來，我們要盡可能地和快樂的人在一起。你是否有過這樣的經歷：和一些人相處，你會感到焦慮不安、脖子痠痛、疲憊不堪。你不知道到底是哪裡不對勁，但就是覺得不舒服。而和另一些人相處時，你就會覺得精神百倍，身體上的不適感也慢慢消失。在這些人的陪伴下，你覺得事事如意，這些人所散發出來的正能量，讓你感到更快樂、更有信心。

這些現象不是偶然的，而是能量交流的結果。一個精神能量低的人如果和一個精神能量高的人在一起，前者將受益無窮，後者則會損失一些能量。精神能量通常會在兩人之間流動，直到達到平衡為止。

請你想像甲、乙兩個玻璃瓶，兩者底部有管子相連，管內有個活塞可以控制兩個玻璃瓶的液體流量。請你先把活塞關上，將甲瓶裝滿藍色液體，乙瓶則什麼也不裝。當你把活塞啟動時，這兩個玻璃瓶會發生什麼樣的變化呢？它們都會裝上藍色液體。

同樣的道理，如果你心中充滿正能量，當你碰到一個能量低的人時，能量就會從你身上流向他。不過，這個例子描述的是「量」的流向，而非「質」的交流。為了充分了解「質」，請再回到玻璃瓶的例子。

先關上活塞，把甲瓶裝滿涼的藍色液體，把乙瓶裝滿熱的紅色液體，然後啟動活塞，這兩個瓶子會發生怎樣的變化呢？首先，冷熱液體相互交流，溫度達到平衡；其次，兩個瓶內的液體都會變成紫羅蘭色。

快樂自己做主

　　如果快樂的你碰到一個不快樂的人,那麼過不了多久,那個人的心情會好轉,而你的心情則會變糟。或許你不會馬上受到影響,但是幾小時或是幾天之後,你的心情就會逐漸變糟。所以,要想提高自己的情商,請接受這個建議:不要讓不快樂的人感染你快樂的心情。

CLASS IV　激勵自我

假如你身後有狼

　　加拿大有一位享有盛名的長跑教練，由於他在很短的時間內培養出好幾名長跑冠軍，所以很多人都向他詢問訓練祕訣。誰也沒有想到，他成功的祕訣僅在於一個神奇的陪練，這個陪練不是一個人，而是幾隻凶猛的狼。

　　因為這位教練讓隊員訓練的是長跑，所以他一直要求隊員從家裡出發時一定不要藉助任何交通工具，必須自己一路跑來，以此作為每天訓練的第一課。有一個隊員每天都是最後一個到，而他的家並不是最遠的。教練甚至想告訴他改行做別的，不要在這裡浪費時間。

　　但是突然有一天，這個隊員竟然比其他人早到了二十分鐘，教練知道他離家的時間，算了一下，他驚奇地發現，這個隊員今天的速度幾乎可以打破世界紀錄。他見到這個隊員的時候，這個隊員正氣喘吁吁地向他的隊友們描述著今天的遭遇。

　　原來，在離家不久經過一段五公里的野地時，他遇到一隻野狼。那隻野狼在後面拚命地追他，他在前面拚命地跑，最後那隻野狼竟被他甩開了。

　　教練終於明白了，這個隊員今天的超常發揮是因為一隻野狼，他有一個可怕的敵人，這個敵人使他把自己所有的潛能都發揮了出來。

　　第二天，這個教練就聘請了一個馴獸師，並找來幾隻狼，每當訓練的時候，便把狼放開。沒過多長時間，隊員的成績都有大幅的提高。

　　人的一生會遇到各式各樣的對手。在學校的時候，總是有人的成績在你之上，或者你稍有懈怠就會被別人超過；等到了出社會，你身在職

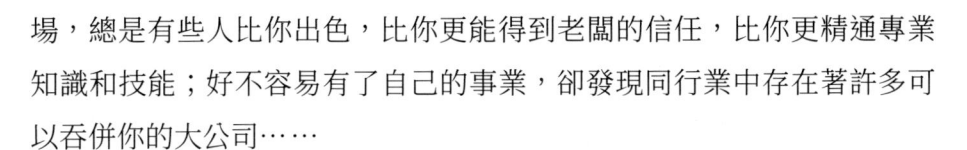

場，總是有些人比你出色，比你更能得到老闆的信任，比你更精通專業知識和技能；好不容易有了自己的事業，卻發現同行業中存在著許多可以吞併你的大公司……

「對手」遠遠不只這些，你還會面臨一些可能把你置於萬劫不復的深淵的打擊、挫折，甚至是死神的威脅。但是，你完全沒有必要憎恨或者抱怨你強勁的「對手」。若仔細回想一下你就會發現，真正促使你進步、成功的，真正激勵你昂首闊步向前的，不單是自己的能力和順境，不單是朋友和親人的鼓勵，更多的是你的「對手」激發了你的潛能，促使你不斷進步。

一位動物學家對生活在非洲大草原橘河兩岸的羚羊群進行過研究。他發現東岸羚羊群的繁殖能力比西岸的強，奔跑速度也比西岸的羚羊每分鐘快十三公尺。而這些羚羊的生存環境和屬類都是相同的，飼料來源也一樣。

於是，他在東西兩岸各捉了十隻羚羊，把牠們送往對岸。結果，運到東岸的十隻羚羊一年後繁殖到十四隻，運到西岸的十隻羚羊反而因為沒有了天敵，變得懶惰安逸，致使體弱多病，一年後只剩下三隻。

最後的結果表明，東岸的羚羊之所以強健，是因為在牠們附近生活著一個狼群，西岸的羚羊之所以弱小，正是因為缺少了這麼一群天敵。

沒有天敵的動物往往最先滅絕，有天敵的動物則會逐步繁衍壯大。大自然中的這一現象在人類社會也同樣存在。對手的力量會讓一個人發揮出巨大的潛能，創造出驚人的成績，尤其是當對手強勁到足以威脅你的存在的時候。

生活中的許多人總在詛咒對手，或者因為自己遇到對手而失魂落魄、無所適從。你應該為自己有一個強勁的對手而感到慶幸，為自己遇到的艱難境遇而感到慶幸，因為這正是你脫穎而出的機會。

感謝你強勁的對手吧，因為正是他們使你變得偉大和傑出的。

Test 3：你是個樂觀的人嗎？

你是個樂觀主義者，還是個悲觀主義者？你是透過亮麗的鏡子看待人生，還是透過灰暗的鏡子來看待人生？請一一回答以下問題。

01. 如果半夜聽到有人敲門，你會以為那是壞消息，或是有麻煩發生了嗎？
02. 你隨身帶著別針或一條繩子，以防萬一衣服或別的東西裂開嗎？
03. 你跟人打過賭嗎？
04. 你曾夢想過買了中獎樂透或繼承了一大筆遺產嗎？
05. 出門的時候，你經常帶著一把傘嗎？
06. 你把收入的大部分用來買保險嗎？
07. 度假時，你曾沒預訂旅館就出門了嗎？
08. 你覺得大部分人都很誠實嗎？
09. 度假時，把家門鑰匙託朋友或鄰居保管，你會將貴重物品事先鎖起來嗎？
10. 對於新的計畫，你總是非常熱衷嗎？
11. 當朋友表示一定奉還時，你會答應借錢給他嗎？
12. 大家計劃去野餐或烤肉時，如果下雨，你仍會照原定計劃準備嗎？
13. 在一般情況下，你信任別人嗎？
14. 如果有重要的約會，你會提早出門，以防塞車、拋錨或別的狀況發生嗎？
15. 如果醫生叫你做一次身體檢查，你會懷疑自己可能有病嗎？
16. 每天早上起床時，你會期待又是美好一天的開始嗎？
17. 收到意外的來函或包裹時，你會特別開心嗎？

18. 你會隨心所欲地花錢，等花完以後再發愁嗎？
19. 上飛機前，你會買旅行保險嗎？
20. 你對未來的十二個月充滿希望嗎？

計分方法：

題號 \ 答案	是	否
1	0	1
2	0	1
3	0	1
4	0	1
5	0	1
6	0	1
7	1	0
8	1	0
9	0	1
10	1	0
11	1	0
12	1	0
13	1	0
14	0	1
15	0	1
16	1	0
17	1	0
18	1	0
19	0	1
20	1	0

說明：

CLASS IV　激勵自我

　　0～7分，說明你是個標準的悲觀主義者，總是看到人生不好的那一面。身為悲觀者的唯一好處是，由於你從來不往好處想，所以你很少失望。

　　然而，以悲觀的態度面對人生，你會隨時擔心失敗，因此不願意去嘗試新的事物，尤其當遇到困難時，你的悲觀會讓你覺得人生更灰暗、更無法接受。悲觀會使人產生沮喪、困惑、恐懼、氣憤和挫折的心理。

　　解決這種狀況的唯一辦法是，以正面的態度來面對每一件事或每一個人，即使你偶爾仍會感到失望，但漸漸地，你會對人生增加信心，大大勝過原來負面態度帶給你的影響。

　　8～14分，說明你的人生態度既不悲觀也不樂觀。不過，你仍然可以更進一步，只要你能學會如何以正面和樂觀的態度來應付人生中無法避免的起伏情況。

　　15～20分，說明你是個標準的樂觀主義者，總是看到人生好的那一面，將失望和困難擺到旁邊去。樂觀會使人活得更有希望，不過要記住，有時候過分樂觀也會造成你對事情掉以輕心，反而會誤事。

CLASS V

了解他人

一個好的聽眾不僅在任何場合都受歡迎,他還能接觸到自己想知道的事情。

—— 美國作家威爾遜‧米茲納(Wilson Mizner)

CLASS V　了解他人

換位思考

　　掌握他人的情感是營造良好人際關係的前提，只有自身心平氣和才可能掌握別人的情感，而左右他人的情感正是處理人際關係的關鍵藝術。

　　要做到這一點，必須具備兩項技巧：自我掌握與移情（也叫同理心或同情心）。移情是一個比較抽象的心理學概念，但解釋起來非常簡單，它指的是人們常說的設身處地、將心比心的做法，是一種了解他人的情緒，並能在內心親自體驗到這些情緒的能力。

　　在發生衝突或誤解的時候，當事人如果能把自己放在對方的處境中想一想，也許就可以更容易地了解對方的初衷，消除誤解。我們在生活中常說「人同此心，心同此理」，就是這個道理。

　　人與人之間的關係沒有固定的公式可循，要從關心別人、體諒別人的角度出發，做事時為他人留下空間和餘地，發生誤會時要替他人著想，主動反省自己的過失，勇於承擔責任。只要有了同理心，我們在工作和生活中就能避免許多抱怨、責難、嘲笑和譏諷，大家就可以在一個充滿鼓勵、諒解、支持和尊重的環境中愉快地工作和生活。

　　在對他人的情緒進行辨識、評價，並加以接受時，移情有主要作用。移情要以自覺為基礎，一個人愈能坦誠面對自己的情感，便愈能準確閱讀別人的感受。

　　這就是說，人應該學會換位思考，工作中因為某件事發生衝突，設想如果自己處於那個位置，你會是什麼樣的感覺。先了解自己的感受，才能更好地了解別人的感受；先做好自己的主人，才能做好別人的領導。

當一個人面對某人傳情達意時，情感表達障礙型的人常常會感到困惑不已，因為他們無法對他人的情緒進行正確的辨識和評價。這不但在情商上是一大缺陷，更可說是人性方面的缺憾。因為融洽的關係是人們相互關懷的基礎，而融洽的關係又源於敏銳的感受與同情心。

移情的能力在各個領域中都扮演著很重要的角色，缺少這種能力可能會導致極可怕的後果，心理變態的罪犯、強暴者、虐待兒童者都是明顯的例子。移情的能力對人類的生存和發展是很重要的，它使人們之間能相互理解，使人與人之間能和諧相處，有助於建立良好的人際關係。

即使是最聰明的人，如果缺乏這方面的能力，也很難擁有融洽的人際關系，甚至給人傲慢、討厭或遲鈍的感覺。而具備這種能力的人在與人接觸時，常可居主導地位，容易打動別人，具有說服力與影響力，同時又可讓人覺得很自在。

通常來說，人們不僅能夠覺察自己的情緒，還能覺察他人的情緒，對他人的情緒做出準確的辨識和評價。就像情商的其他元素一樣，同情心的敏感度與智力測驗或學校考試沒什麼關係，就連剛出生不久的嬰兒都具備這種能力。

九個月大的小孩每次看到其他小孩跌倒，眼裡便充滿淚水，然後爬到母親懷裡尋求慰藉，彷彿跌倒的人是自己。十五個月大的麥克看到朋友保羅在哭，會拿出自己的玩具熊安慰他，如果保羅仍哭個不停，麥克還會拿抱枕給他。這些情形是孩子的母親協助專家做研究時觀察記錄下來的，該研究顯示出同情心的形成可追溯至一個人的嬰兒時期。

事實上，嬰兒自出生之日起，聽到其他嬰兒啼哭便會感到難過，有人認為這是人類同情心表現的最早徵兆。

發展心理學家也發現，嬰兒還未完全明白人我之分時，便能同情別

CLASS V　了解他人

人的痛苦。幾個月大的嬰兒看到其他孩子啼哭也會跟著哭，感同身受般。滿一週歲的孩子開始逐漸明白別人的痛苦是別人的，但自己仍會感到不知所措。

紐約大學（New York University）的馬丁・霍夫曼做過相關研究，他注意到，一個兩歲大的孩子會拉著媽媽的手去安慰一個哭泣的小朋友，而事實上，小朋友自己的媽媽就在身旁。其他同齡孩子也表現出同樣的困惑，他們會模仿別人的痛苦。看到其他孩子的手受傷時，他們會把自己的手伸進嘴裡，看看自己是否也會痛；看到媽媽哭泣時，他們也會擦拭自己的眼睛，雖然他並未流淚。

等小孩子滿三歲時，他們不再做行為模仿，不但能區別他人與自己的痛苦，而且能安慰別人。下面是一位母親的紀錄：

鄰居的一個小孩在哭，珍妮走過去拿餅乾給他吃，一路跟著他走，甚至自己也開始發出哭聲。接著她想要撫摸他的頭，但是他躲開了⋯⋯他漸漸不哭了，但珍妮似乎仍很關心他，仍不斷拿玩具給他，拍他的頭和肩。

一項針對兒童所做的實驗發現，富有同情心的孩子在學校較受歡迎，情感也較穩定，在校表現較佳，雖然其智力並不比別的孩子高。很顯然，同情心有助於學習，有助於獲得老師和同學的喜愛。

可以說，移情的能力是人的一種本能，卻會因人對情感的淡漠而逐漸喪失。這裡面既有逃避痛苦的原因，也不排除人們受自私的意念所左右，最主要的原因是人的主觀情感往往會使人看問題不客觀，帶有情緒，而一帶有情緒就會使你忽略對方的想法，導致溝通的失敗。

鎖匠的思維

　　你見過熟練的鎖匠工作嗎？簡直就跟變魔術一樣。他擺弄一把鎖，能聽到一些你聽不到的聲音，看到一些你看不到的東西，感覺到一些你感覺不到的情況，不一會，他就能了解鎖的整個結構，並且把它修好。

　　一個優秀的高情商交流者也是這樣工作的。他可以了解任何人的內心組合（也稱為策略）──就像鎖匠那樣考慮、思索，從而探索出別人的內心結構。

　　了解別人策略的關鍵是，要注意他們的言行舉止。要知道，人們會透過不同方式將有關他們策略的一切訊號傳達給你，有時是透過語言傳達，有時是透過行動傳達，有時甚至是透過眼神傳達。

　　你要學會巧妙地去閱讀一個人，就像你學會讀一本書、一本地圖那樣。記住，策略只不過是產生特殊結果的一種特殊想像組合。你需要做的就是，促使人們去感受他們的策略，同時仔細觀察他們的特殊反應。

　　那些主要利用視覺系統的人傾向於以影像看世界。他們會透過大腦中的視覺感官獲得他們最大的感覺力。因為他們的語言力圖跟上大腦中的影像變化，所以常常說話較快。他們只是想要把大腦中的影像描述出來，所以常常不太注意表達方式。他們習慣用視覺語言來表達，向人們描述這些東西看上去怎麼樣，呈什麼樣的形狀，是明還是暗，等等。

　　那些聽感強的人則不同，他們說話比較慢，聲音也較洪亮，較有節奏。因為字詞對他們來說意義重大，所以他們對說什麼非常慎重。他們習慣用聽覺語言來表達，如「這聽起來正合我意」、「我能聽見你說的」或「聽起來一切都很順利」等等。

171

CLASS V　了解他人

　　那些觸感強的人說話更慢。他們主要是對觸覺做出反應，說話語調深沉，像是一點一點擠出來的。他們習慣用觸覺語言來表達意思，總是「抓」某東西的「具體形態」，比如，東西很重，他們需要摸一摸，他們總是說：「我找到了答案，但我還沒有抓住它。」

　　每個人都有這三種系統，但大多數人是其中一種系統占支配地位。在了解別人的策略，了解他們做決定的方式時，需要先知道他們的主要感覺系統是哪一種，這樣你才能有的放矢地傳達你的訊息。

　　只要透過觀察和聽別人說話，你就能立即意識到他們主要使用的是哪種感覺系統。

◇ 留心觀察一個人的眼睛

　　俗話說「眼睛是心靈的窗戶」，你只要留心觀察一個人的眼睛，就能立即明白在特殊的情況下，對方使用的是哪種感覺系統。

　　不妨先回答下面這個問題：你十二歲生日蛋糕上的蠟燭是什麼顏色的？回答這個問題時，90%的人會把頭抬起來偏向左邊，這就是慣用右手的人甚至某些左撇子回憶視覺影像的方式。

　　再考慮下一個問題：要是為米老鼠加根鬍鬚會怎麼樣呢？這一次，你的眼睛也許往上抬，並移向右邊，這裡通常是人們的眼睛構成影像的地方。因此，只要看看人們的眼睛，就可以知道他們正在使用的是不是視覺系統。透過他們的眼睛，你也能了解他們的策略。

◇ 人的生理狀況的其他方面
　也為人們了解他人的策略提供了線索

　　如果有人呼吸幅度大，那就意味著他在進行視覺系統的運作。人的聲音也含有深意──視感強的人說話快而急、有鼻音、聲調起伏大；說話慢、聲調深沉的人則通常觸感強；聲調平穩、咬字清楚則是聽覺強的人的特點。甚至從人的皮膚顏色的變化也能了解他人的策略。

　　因此，哪怕是很有限的交流，你也能清楚地、準確無誤地了解一個人的心理活動方式。學會了解別人策略的最好方式不是觀察，而是實踐，你要盡可能多地在其他人身上做這些練習。

CLASS V　了解他人

水面之下的「冰山」

　　一般說來，一個人的感情或意見都在說話方式裡表現得清清楚楚，只要仔細揣摩，即使是弦外之音也能從說話的簾幕下逐漸透露出來。言語是自我表現的一種手段，而且在不知不覺中，它還反映了一個人各種曲折的深層心理和情緒。也就是說，人們可用言辭來表現自我的真相，也能從對方的言語或措辭中分析探測出一個人的真相。

　　人在無意識狀態下的言語或措辭特徵比說話內容更能透露一個人的真實情況。也就是說，對方的措辭會比對方的雄辯理論更能指出對方的深層情緒。

　　每個地區都有不同的說話語調和特殊的措辭，所以人們都會因成長環境的不同而具有特別的言語與措辭。透過觀察一個人的說話語調和節奏，我們就可以判斷出他的出身和來歷。

　　但是，人們透過說話語調和特殊措辭所反映出的內心情感就如同浮在水面之上的冰山，只占總體積的 10%，其他 90% 是肉眼看不到的。那麼，我們怎樣才能最大限度地探測一個人的內心情緒呢？

◇ 異於平常的說話方式可以暴露人的心理祕密

　　說話的快慢是由一個人的氣質或性格所決定的，所以當有些人的說話方式突然異於平常時，若我們多加觀察，就可以知道他們的心理祕密。

　　如果某人平時能言善辯，可是在一些場合下突然結結巴巴地說不出

話來；或者某人平時說話不得要領，東拉西扯，屬於木訥型的那一種，但現在卻突然滔滔不絕地說出了一大堆話……這時候一定事出有因。

一位評論家說：「如果男人帶著一顆浮躁的心回到家裡，基本上都會在妻子面前滔滔不絕地說個不停。」

假如有一個男人每天下班都按時回家，而這一天他下班後卻留在辦公室與同事打撲克牌，回到家時，他會馬上跟老婆說他加班了，而且還會詛咒現在為什麼有這麼多做不完的工作之類的話。請注意，他此時的語速一定比平常快，因為他迫切希望藉著自己快速的話語讓內心潛伏的不安得到排解。

遇到男人這樣時，做老婆的一定要慎重，什麼事一旦有了開頭，就會有下次，千萬不可掉以輕心。

一般說來，如果某人對他人心懷不滿，或者持有敵意，他們的說話速度就會變得很遲緩，而且稍有木訥的感覺。如果某人有愧於心，或者有意要撒謊，其說話的速度自然會加快，這是人之常情。倘若碰到慎重或精明的人，馬上就可以看穿說話者的內心情緒。

◇ 說話的音調裡也經常深藏玄機

當一個人懷著浮躁的心情與人交談時，他的音調就會突然高揚起來。比如上述的那個「加班」的男人，當他回到家時，他的語速一定很快，而且慷慨激昂，好像今天的「加班」確實讓他很反感──他是很不願意「加班」的。

當兩個人意見相左時，其中一個人提高說話的音調，就表示他想壓倒對方。正如日本作曲家神津善行所說：「反駁對方的意見時，一般人都

CLASS V　了解他人

會用激昂的音調表現出來。這是最簡單的方法，表示他想壓倒對方。」

說話音調高昂，本是幼兒表現任性的一種形態。一般說來，一個人隨著年紀的增加，說話的音調反而會降低。這種變化行為表明，人類的精神構造在不斷成長，內心有一種抑制任性的情緒在活動。

當成人說話的音調突然變得高昂時，顯然他又回到幼兒期的境界中了。這表示他無法抑制內心的情緒，在這種情況下，他是聽不進去別人的話的。

對於那種心懷企圖的人來說，他們在說話時一定會故意抑揚頓挫，製造一種與眾不同的感覺，有一種吸引別人注意力的欲望，自我顯示欲就隱隱約約地透露出來了。

◇ 說話的節奏也是相當重要的

在談話方式中，除了包含語速的快慢和音調的高低之外，說話的節奏也是相當重要的。凡是自信心很強的人，一定具有決斷性的說話節奏，而那些缺乏自信心的人，說話時必然缺乏決斷性的節奏。

有一種人好像話題始終說不完，即使想要告一段落，也得花費相當長的時間。豈知在說話者的內心裡，卻潛伏著一種唯恐話題即將說完的恐懼與不安。這種人一定懷有想要說個沒完的高壓態度或欲望。

相反，有些人卻想儘早道出最後結論來，這是唯恐被人提出反駁意見的最好證明。這種人似乎有一種錯覺，以為不提出結論的話，情況必然會相當嚴重。

還有很多人喜歡在句尾加入某種曖昧不明的語氣，其實在一般的語言構造中，句尾都能道出結論來，倘若有含糊不清的意思，就很容易變

成一種莫名其妙的文句了。凡是喜歡採用這種說話方式的人，都是在有意逃避自己的言論責任。

此外，也有人喜歡說「這些只是我個人的想法而已」，或者說「真是一言難盡」。事實上，喜歡說此類話語的人和上述人懷有同樣的意思，許多情緒不穩定的神經質的人就很喜歡套用這一類的限定句子。

察言是很有學問的一門技巧。人內心的想法有時會不知不覺地在口頭上流露出來，因此，與別人交談時，只要我們多加留心，就可以從談話中探知對方的內心世界。

◇ 由話題知心理

人們常常將內心情緒透過一個話題不自覺地呈現出來。話題的種類是形形色色的，如果要明白對方的性格、氣質、想法，最容易著手的步驟就是觀察話題與說話者本身的相關狀況，從這裡能獲得很多資訊。

與中年婦女交談時，她們的話題多是她們自己，因為她們覺得自己才是她們最大的關心對象。有時也談論丈夫或孩子，那是她們把丈夫或孩子看成了自己的化身，談論他們也等於在談論自己。

對於這樣的中年婦女，你要作為一個傾聽者出現，並承認她們是賢惠的妻子、偉大的母親。

◇ 由措辭習慣流露出的祕密

人種種曲折的深層心理通常會不知不覺地反映在自我表現的手段——措辭上。透過分析某人的措辭習慣，我們常常可以大致上看出這個人的真實形象。

CLASS V　了解他人

　　常使用第一人稱單數的人，其獨立性和自主性較強；常用複數的人，多為缺乏個性、埋沒於集體中隨聲附和的人。

　　有些人總是認為在用自己的話說話、寫文章，實際上在借用別人的話，說明這種人有強烈的自我擴大欲。說話時經常使用難懂的詞或外語的人多會讓人感到困惑，其實這種人多是將詞語作為掩飾自己內心弱點的盾牌。

◇ 由聽話方式看破對方心理

　　構成談話的前提包括兩種不同立場的存在者──說話者與聽話者。我們可以根據對方對自己說話後的各種反應，來了解對方的深層心理。

　　如果一個人很認真地聽對方講話，他會正襟危坐，視線也一直盯著對方。反之，他的視線會散亂，身體也可能不停地傾斜或亂動，這是他心情厭煩的表現。

　　如果你想套出某人某方面的資訊，你可以以一個很平常的話題開始你們的談話，然後認真傾聽、提問、傾聽……一步步達到自己的目的，對方在高興之餘就會忘了提防，相反還會認為你是一個很好的傾聽者，很善解人意呢。

傾聽的藝術

　　傾聽者是讓人無法抗拒的，因為他們富於同情心，願意分享人們的弱點，願意傾聽人們訴說不愉快的情緒。如果你想要他人喜歡你，你不妨去做個傾聽者，千萬不要逃避。

　　一天，美國知名主持人林克萊特採訪了一名小朋友。林克萊特問他：「你長大後想要做什麼？」

　　小朋友天真地回答：「我要當飛機駕駛員！」

　　林克萊特接著問：「如果有一天，你的飛機飛到太平洋上空，所有引擎都熄火了，你會怎麼辦？」

　　小朋友想了想說：「我會先告訴坐在飛機上的人，請繫好安全帶，然後我打開我的降落傘跳出去。」

　　現場的觀眾笑得東倒西歪，然而，林克萊特繼續注視著這個孩子，想看他到底是不是個自作聰明的傢伙。

　　沒想到，孩子的兩行熱淚奪眶而出，臉上那股濃濃的悲憫之情深深地打動了林克萊特。

　　林克萊特接著問他：「你為什麼要這麼做呢？」

　　小孩堅定的回答透露出了一個孩子真摯的同情心：「我要去拿燃料，我還要回來！我還要回來！」

　　當孩子不顧別人，自己掛上降落傘跳下去時，誰「聽」出了這個孩子的同情心呢？

　　作家鮑威爾曾說：「我們要聆聽的是話語中的含意，而非文字。在真

CLASS V　了解他人

誠的聆聽中,我們能穿透文字發掘對方的內心。」

人們都喜歡傾聽者,尤其是有同情心的傾聽者,他們就像自己最親密的朋友一樣,無論對個人還是對團體都能發揮正面的作用,並且讓人感覺他們相當可靠、值得信賴和十分忠誠。

傾聽者會在考慮自己的需求前先考慮他人的需求,並且會支持和幫助他人。傾聽者喜歡進入他人的心靈和頭腦,並且樂於分享他人深層次的感受。人們之所以傾向於向傾聽者打開心扉,是因為人們渴望被關懷,而真誠的傾聽者確實也做到這一點。

當他人受到傷害時,傾聽者也同樣有受傷的感覺,就如同他自己經歷過一樣;當他人心痛的時候,傾聽者的心也會真的痛起來。為了幫助他人克服這種傷害,傾聽者總是主動和他人接近,願意聽更多人訴說,這有助於保持情緒溝通的車輪不停地運轉。

傾聽者是最充滿人性魅力的人,並且極度忠誠。如果他們的需要在工作中得到滿足,他們會更加努力。他們願意傾聽所有人的聲音,而不論對方身分高低,對任何人都有同情心,這就是他們的魅力之所在。

芭芭拉・華特斯(Barbara Jill Walters)在競爭異常激烈的採訪領域中之所以會獲得長久的成功,就在於她在被訪者面前都扮演成一個傾聽者。作為一個成功的傾聽者,華特斯擁有了好萊塢明星都沒有的魅力,贏得更多人的心。

你可以嘗試著從某個你感覺非常親近的人或者是與你有信任關係的人開始,不論他是家人還是朋友,與他在一起度過一些不受干擾的時間,並且聽他講述他生命歷程中最重要的篇章。在這個過程中,隨之而來的情緒可能會讓你哭或笑。當你進行越來越多類似的嘗試時,你會發

傾聽的藝術

現自己擁有了討人喜歡的傾聽者的特質。當這種特質增強時，你會擅長掌控各種情緒，並且能夠運用你對他人的感覺去判斷他人。

一個窮人來到一位百萬富翁家裡，向對方傾訴自己的悲慘遭遇。窮人講得那麼真切動人，給了百萬富翁一種從來沒有過的感動。百萬富翁抹著淚對僕人說：「約翰，快把他趕出去，他讓我的心都碎了。」這位自以為在傾聽的百萬富翁，並不是一個真正的傾聽者。

作為一個傾聽者，並不意味著軟弱和順從，相反卻需要大量內在力量。美國前總統柯林頓（William Jefferson Clinton）是一個喜歡聚會的傾聽者，他擁有廣泛的支持者。不管何時何地，柯林頓總是帶著「我感受到了你的痛苦」的態度去支持和幫助別人。

艾略特是個熟練的傾聽藝術大師。美國小說家亨利‧詹姆斯（Henry James）回憶說：「艾略特的傾聽並不是沉默的，而是活動的。他直挺挺地坐著，手放在膝蓋上，除了拇指繞來繞去，沒有其他的動作。」

艾略特面對著對方，似乎是用眼睛和耳朵一起聽對方說話。他專心地聽著，一邊聽一邊用心思考對方所說的話。最後，這個說話人會覺得，他已說了自己要講的話。

佛洛伊德算是近代最偉大的傾聽大師了。一位曾遇到過佛洛伊德的人這樣描述他傾聽別人講話時的態度：

「那簡直太令我震驚了，我從沒有見過這麼專注的人有這麼敏銳的靈魂洞察和凝視事情的能力。

他的眼光是那麼謙遜溫和，他的聲音低柔，姿勢很少改變。但是他對我的那份專注，他表現出喜歡我說話的態度，足以讓我銘記終身。你真的無法想像，別人如此聽你說話所代表的意義是什麼。」

CLASS V　了解他人

到底以何種方式聆聽，才最有利於了解對方，並與對方良好溝通，建立感情呢？心理學家建議用「同理心式傾聽」。

所謂同理心式傾聽，就是設身處地用心聆聽另一個人的思維與心聲，並嘗試以他人的雙眼來探究世界的傾聽方式。在所有的傾聽方式中，這是唯一能夠真正深入他人心理的方式，也是高情商的表現。

一個好的傾聽者在傾聽時，往往會設身處地為傾訴者著想，並提出一些看法和建議。

許多傾聽者還會被對方的情緒所驅使，認為自己能夠解決別人的問題。假設你的朋友和老婆發生爭吵，並且對你講述了一切，你自然會對此做出反應。你可能會這樣安慰他：

——我要是處在你的位置，我也不能忍受這一切。

——真是難以置信，我沒有想到你老婆居然會這樣。

——這次又跟上一次的情況一樣，你們總是爭論這種事情。

——不要想不開，這一切不久就會恢復正常。

其實，你的這些反應沒有一種是你朋友所期待的，也沒有一種建議能夠對他有實質性的幫助，甚至有些話聽了會使他更加生氣，而其他則多半是一些廢話。

作為傾聽者，你可能沒有覺察到，你這根本就不是設身處地為他著想，你的反應反而會讓人覺得，你更多地是在表現自己，而不是在關心他。

一個傾聽者應該清楚，你所表達的觀點並不能完全解決別人的問題，你唯一能對別人做的就是表現出自己的理解和體諒，並用心去傾聽他的講話。

在傾聽時，你可以透過一些恰當的交流和引導，讓對方在傾訴過程中，對於自己所面對的問題有更多的認知和了解，並且要鼓勵他憑藉自己的力量尋求解決問題的方法。

你可以在談話中採取下面兩種方式來引導別人找到解決問題的方法。

◇ 用你自己的話重複一遍你所聽到的

例如：「我認為……」一方面，你可以藉此向他表示，你用心傾聽他講的話；另一方面，你也能給他一個機會，使他能夠對自己說過的話進行修正和補充。

◇ 從你的角度評價對方的感情狀態

在談話的過程中，你可以從你的角度評價一下對方的感情狀態。例如：「你這樣生氣，對……」你所說的可能正是對方並未意識到的事情，這樣你就有可能說出問題的重點，同時也能使他清楚地意識到自己的問題所在。

傾聽別人傾訴是辨識他人內心情緒的最好方式，也是實現溝通的前提，只有用心去傾聽，人們才能恰如其分地投入談話中。

在傾聽時，以下這些原則都是值得重視的：

—— 目光應該自始至終注視著說話者。

—— 全神貫注於對方身上。

—— 顯示出你的興趣。

◆ CLASS V　了解他人

　　——不要讓別人分散你的注意力。

　　——避免做一些容易分神的動作,比如瀏覽報紙。

　　——投入你全部的時間。

　　——當別人不能馬上將一件事帶入重點時,你也是有責任的。

　　——不要打斷別人的講話。

　　——設身處地想想對方的處境。

　　——透過你的身體語言,向他傳遞你要傳遞的訊號。例如用點頭表示你對他的贊同。

　　——你不要在整個過程中一言不發,只知道死盯著對方的眼睛,或一直地點頭。

　　——你也可以在傾聽的時候喝一杯咖啡。

　　以上這些所謂的原則只是一些可以用來參照的依據,而不是必須的行為準則。因為每一種談話的方式都要求傾聽者做出不同的傾聽行為。

適當的提問

　　了解別人策略的最簡單的辦法就是提一些恰當的問題。對方往往會以你的提問方式決定如何向你顯示自己的情緒和心理，所以注意提問的方式將有助於你更好地了解對方。

　　人們往往認為，了解別人的最簡單的辦法就是根據自己的感覺提出一些問題。但是有的時候，這種問題並不是對方所需要的。

　　如果你完全出於好奇心，或是出於喜愛聽駭人聽聞的事情的心理，你提出的問題就會讓別人感覺好像自己在被追根究柢、在被利用，甚至還會讓人感覺自己受到傷害。因此他根本不會對這樣的問題感興趣，當然也不會做出詳細的回答，你想了解他的目的也會落空。

　　當你粗魯、冒失地向他人提問時，對方會覺得自己的隱私受到侵犯，精神受到傷害或侮辱；審問性的提問則使別人感覺自己被人檢查，感覺自己被逼入某種困境，因而拒絕交流；誘逼性的提問很有可能引導別人做出回答，但這種問題對雙方而言都沒有什麼成效，因為你根本得不到真誠的回答；追根究柢提問的目的是，打聽某人關於某方面的具體情況，這樣會導致對方過早地處於防守地位，不利於交流。

　　這些都是人們在負面情況下可能提出的問題，這些問題會讓人產生反感的情緒，只會早早地失去繼續交流下去的動力。這種情況根本談不上交流，你也難以得到對方的詳細資訊。

　　那麼，如何正確地提出問題呢？

CLASS V　了解他人

◇ 你所提的每一個問題
　都要清楚明瞭地表達出自己的真正意圖

如果你希望從別人那裡得到一個簡短精確的回答，那麼你就應該使用所謂的「封閉性提問」或者是「選擇性提問」。例如：「你現在想要冰淇淋嗎？」對於這樣的問題，所有人給出的答案最有可能為「要」或者「不要」。但是，如果你希望雙方能夠進行深入的交流，那麼這一類回答「要」或者「不要」的提問方式，難免會顯得有些力不從心。

如果你希望從交談對象那裡得到一些更加確切的回答，但同時又不想造成對方太大的壓力，那麼可以選擇「半開放式的提問」或者說是「關聯提問」。例如：「你為什麼不喜歡這部電影？」、「你為什麼非得現在開始休假呢？」在這種提問方式下，你事先並不會給出或者暗示任何可供對方選擇的答案。對方的回答是比較自由的，可以相對詳細一點，也可以只簡單說一下。

如果你不希望給予對方任何思路或者暗示，也不想太多地表露出自己的意圖，而只是希望給予對方盡可能大的選擇空間，那麼你可以使用「完全開放式提問」。例如：「你最近過得怎麼樣？」

如果你希望透過自己的提問方式，讓對方覺得你是在為他考慮，是在設身處地為他著想，那麼你可以使用「具有感染力的提問方式」。例如：「這兩天我覺得你有一點無精打采，我想，可能是你的工作壓力太大了。你覺得如果把我們的約會稍稍往後延，對你來說會不會好一些呢？」透過這種提問方式，你不僅給自己留下了迴旋的餘地，以便應對各種可能發生的變化，同時也給對方留下了這樣一種印象：你能夠察覺到他身上的問題，對他的狀況很關心。

適當的提問

　　同一個問題可以用不同的方式進行表達，那些一眼看上去完全相同或者類似的問題，經過仔細的審視與思考以後，往往可以發現它們會對對方產生不同的效果，更有助於了解對方。不妨將自己置於下面的場景中，好好揣摩下面這些簡單的問題：

　　——咖啡？

　　——要不要喝一杯咖啡讓自己清醒一下？

　　——要不要喝一杯咖啡？

　　——你願意和我一起去喝一杯咖啡嗎？

　　——現在你不想來一杯咖啡嗎？

　　——你覺得現在喝一杯咖啡對你會不會有好處呢？

　　——你給我一種感覺，好像現在需要喝一些東西，來杯咖啡怎麼樣？

◇ 提問題要客觀，切忌用自己的觀點來解說從別人身上看到的現象

　　要想準確地了解別人的心理，請避免用自己的觀點來解說從別人身上看到的現象，你只需要提出你看到的或感覺到的表象即可。如果你僅僅根據自己的經驗就對別人的狀況做出判斷，別人通常出於禮貌會向你做出一個合乎情理的回答，但這種回答很可能不是你想了解的實情。

　　一個事業有成的男子到他的治療醫師那裡尋求幫助，他的治療醫師關心地問道：「你能告訴我你有什麼問題嗎？」該男子提到他在生活和工作中負擔過重的問題，並進行詳細闡述：他要做的事怎樣怎樣多，每天他要完成多少工作，他每天要處理多少大大小小的問題。因此，他根本沒有留給自己的時間。

CLASS V　了解他人

　　這個男子的治療醫師耐心地傾聽著，當他終於說完之後，治療醫師問道：「你對我說，每天你都要忍受很重的負擔，可是為什麼你還這麼自豪地對我講述這一切？為什麼你在講述這一切的時候，臉上始終洋溢著愉快的表情？」

　　透過提問和觀察，治療醫師很快就意識到，在生活中追趕該男子的並不是這些工作，雖然他的工作的確很多，但是真正的問題在於，根據他的自我價值觀，他需要這麼多的工作來維持這種大人物的感覺。他很自豪，他是如此重要，有那麼多的事情要他去做，有那麼多的人需要他的幫助。

　　治療醫師並沒有給該男子一個結論性的回答，他只是陳述一個客觀事實。最後，該男子更加詳細地敘述了自己的許多症狀，治療醫師給了他一個準確的治療方案。

　　不只是治療醫師，對每一個希望了解別人的人來說，都有一個根本原則，那就是你只需提出你看到的和感覺到的，而不要根據你的所見所聞想當然地總結出解決別人問題的辦法。比如你應該說「你今天臉色蒼白」，而不是「今天你看上去好像很累（或者是病了）」；「你今天根本不能安靜地坐下來」，而不是「你今天非常激動，煩躁不安」；「你今天一點也不健談」，而不是「你今天怎麼又發脾氣了」；「你今天穿得很時髦、很漂亮」，而不是「你今天是不是要和男朋友去約會」。

　　為什麼前一種表達方式比後一種表達方式要好一些呢？理由非常簡單，因為你從別人身上觀察到的現象可能對應很多事實。比如某人臉色蒼白，可能是因為疲勞，也可能是由於生病，或者他故意把自己化成臉色蒼白的樣子。真正的原因應該由他自己對你說──如果他真的願意說的話。

如果你僅僅根據自己的經驗就對別人的狀況做出判斷，在你非常疲勞或是生病的時候會表現得臉色蒼白，那麼你的判斷可能會帶給別人壓力，讓他不得不做出一些不必要的解釋。即使他不想對此多說什麼，通常也不會粗暴地回答：「讓我自己待一下。」而會出於禮貌，給出一個合乎情理但極有可能不是實情的回答。

你看，在提某些問題時，相互之間只有很細小的差別，所表達的意思幾乎是一樣的，但是對於比較敏感的人來說，可能就大不一樣了。對方可以透過你不同角度、不同方式的提問，了解你的意圖或者願望，對你的感覺可能也會隨之不同。

CLASS V　了解他人

破解身體語言

　　文字並不是人類最基本的表達和溝通方式，來自身體的語言才是人類最常用、也是最基本的表達和溝通方式。要想了解語言之外的情緒表現，就要透過一些非語言的資訊，比如姿態、動作、表情、服飾、語調等，來辨識非語言的情緒，理解他人的真意，以便成功地與人交流。

　　經驗豐富的家長很容易就可以察覺出自己的孩子有沒有說謊——當孩子費盡心機編造故事情節時，他的身體和眼神早已出賣了他。

　　在日常生活中，你一定有過這樣的經歷：儘管別人向你闡述許多的理由和相應的論據，但你對他的話還是無法感到滿意和信服。某人向你吐了一大堆的苦水，試圖使你相信，他現在的境遇有多麼辛酸和令人悲傷，但你還是不能相信他所說的情況；某人特意在你面前炫耀自己現在過得多麼好，但你並不相信他；某人大聲地表示，自己對於你贈送的禮物是如何喜歡、如何滿意，但你從他的眼神中卻看到另一種意思。

　　這到底是為什麼呢？別人已經向你闡述這麼多的理由，為什麼你還是不相信他呢？真正的原因在於，他的身體向外界傳達出完全不同的資訊，你透過他的身體語言察覺到他在說謊。

　　在日常生活中，人與人之間的交流與溝通，以及資訊的傳遞，有80%是透過身體語言完成的。因此，準確地理解身體語言十分重要。

　　熟悉和了解身體語言，可以使你更加清楚明白地表達出自己的意圖。在交流中，一方面，你要把自己的意思透過身體語言表達出來；另一方面，你要能夠清楚地了解別人透過身體語言所表達的資訊，並且做出回應。

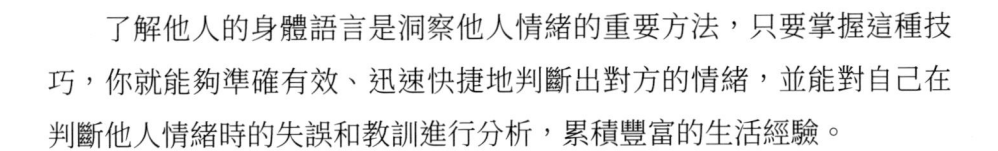

了解他人的身體語言是洞察他人情緒的重要方法，只要掌握這種技巧，你就能夠準確有效、迅速快捷地判斷出對方的情緒，並能對自己在判斷他人情緒時的失誤和教訓進行分析，累積豐富的生活經驗。

◇ 手語的祕密

一個人的內心世界不只是從臉部表現出來，當人們努力抑制臉部表情的變化時，身體的其他部位會在無意中洩漏真情。

下面是幾種常見的手語：

尼克森（Richard Milhous Nixon）捲入水門案（Watergate scandal）後，在一次接受記者採訪時，出現摸臉頰、下巴等動作。但在水門案爆發前，尼克森從未有過這種動作。心理學家法斯特教授據此認為，尼克森這次一定脫不了關係。

摸自己身體這種「自我接觸」在心理學上可以解釋為「自我安慰」。自我接觸的基本意義多為內心不安、緊張加強、恐懼等。當人在精神上受到傷害或產生緊張情緒時，便會不由自主地做出種種舉動，觸控自己的身體，如撫摸、抓、捏等。尼克森的自我接觸就是由於證據確鑿，不自覺地將恐懼心理流露出來。

攤開雙手，表示真誠與公開。義大利人毫不拘束地使用這種姿態，當他們受挫時，便將攤開的雙手放在胸前，做出「你要我怎麼辦」的姿態。聳肩的姿態也隨著張手和手掌朝上而來，演員常常用到這個姿勢，以此來顯示自己所扮演角色的開放個性。

與開放接納的姿勢相對的，是一種保護自己身體、隱藏個人情緒、對抗侵侮的防衛性的姿態。一個裁判做了一個判決，某球隊的教練對該

CLASS V　了解他人

判決提出抗議，忽而雙手亂揮，忽而雙手深插口袋中，甚至握拳相向。而裁判用眼瞪著那個球隊教練，雙手交叉在胸前，做出一種防衛性的姿勢。

在談生意過程中，當你說明來意或觀點之後，對方卻不置可否，不知道是拒絕還是應允時，按照戴爾瑪的經驗，這時候要注意對方手部的微小動作。

手部放鬆，手掌張開；將手攤開放在桌子上，整理桌上的物品；撫摸下巴。以上都可以看作表示肯定情緒的手部動作。

如果對方的內心情緒是否定意義，那麼雖然表面上他似乎也會裝出感興趣的神色，但其手部動作卻會洩漏內心的祕密。當對方出現下列手部動作時，很可能表明他的心理狀態是「我不高興」、「我不想聽你說話」、「我不會答應」等。握緊拳頭；兩手放在大腿上，張開手，兩手拇指相向；兩手交叉放在頭部後面，或手指按在額頭正中央；和你交談時，不斷地把玩桌上的東西；拉開抽屜又關上，好像在找東西；兩手撐住下巴；用手指連續敲桌子。

心理學家還發現，當一個人用手摸頸後時，往往是出現惱恨或懊悔等負面情緒。他們把這個姿勢稱為「防衛式的攻擊姿勢」。在遇到危險時，人們常常不由自主地用手護住腦後，但在防衛式的攻擊姿勢中，他們的防衛是偽裝，結果手沒有放到腦後，而是放到了頸後。女人尤其擅用這種偽裝，她們伸手向後，撩起頭髮來掩飾自己的惱恨情緒。

人們在大庭廣眾之下演講時，倘若心情激昂，或講到興高采烈之處，也會很自然地手足活動起來，或者撫弄麥克風的架柱。

握手也藏有深層的心理術。一般說來，握手的力氣大小同性格有關。比如握手有力者多是富於主動性並充滿自信的人，握手無力者則缺

乏魄力，性格軟弱。另外，在晚會上不斷和不認識的人握手的人，表明他喜歡顯示自己。

透過握手了解對方的微妙心理活動時，最具代表性的就是根據手的溼潤程度進行推斷。人的身體常伴隨著恐怖、驚訝之類的感情變化，不受自身意志控制的自律神經就會活動起來，引起呼吸紊亂，血壓和脈搏發生變化，從而出現精神性的出汗現象。如果握對方的手時，感覺對方的手掌滲著汗，就可以認為對方心情緊張，失去內心平衡。

曾經在警察局活躍一時的科學搜查老手，就曾經勸警官們試用一下詢問握手法──在審訓嫌疑犯時輕輕地握握手。開始審訓時先握一下手，然後每當觸及核心問題時，邊說「讓我們慢慢談談」之類的話，邊握對方的手。假如嫌疑犯剛開始的手掌是乾的，在談話過程中出起汗來，就可以推測出此人正是罪犯。眾所周知的測謊議就是依靠記錄受測者的汗腺的興奮情況，對其心理狀況進行科學的判斷，其原理和詢問握手法沒有什麼不同。

◇ 足語的祕密

比起手部動作來，腿部和足部動作顯然要少一些，它們的表現也因此比手部單純得多，而且當一個人感情激昂時，足部動作反而會更貧乏，所以透過足部動作透露出的情緒資訊往往被人們所忽視。

然而，正因為人們總是忘記去注意自己的雙腳，它們所提供的資訊也就更有價值，更能反映一個人的真實內心。

當你看到某人兩隻腳踝相互交疊，你就應注意此人是不是正在克制自己。因為人們在克制強烈的情緒時，會情不自禁地將腳踝緊緊交疊。

CLASS V　了解他人

在生意場合或其他社交場合中,當一個人處於緊張、惶恐的情況下時,往往會做出這種姿勢。有人開玩笑說,這種姿勢就像「急著上廁所而又不能去的樣子」。

談判時,當對方身體坐在椅子前端,腳尖踮起,呈現一種殷切的姿態,這就是願意合作、產生正面情緒的表示。這時善加利用,雙方就可能達成互惠的協議。

有位商人在談生意時發現對方露出不快的神色,似乎不願意繼續和他談下去。為了做成這筆生意,他仍然委婉地說:「我誠心誠意地要做成這筆交易,我已經把底牌都攤開給你們看了。」他以為態度如此誠懇,對方肯定會答應他,殊不知對方更加強硬了。因為對方已經發現他口是心非,難以信任,最後大家不歡而散。

為什麼會出現這種意料不到的結局呢?原來是他的腳洩露他內心的真實感受。在說話時,他身體挺直,兩腿交叉蹺起,這一姿勢表示懷疑與防範,與他所說的「誠心誠意」正好相反,對方當然不願意與他簽訂這項協議了。

所以,在推銷商品或個人交往中,要關注那些「架二郎腿」的人。對於那些坐在椅子上蹺起一隻腳或跨坐在椅背上的人,更要提高警惕,因為這種人往往缺乏合作的誠意,對別人的需求漠不關心,甚至還會對你帶有一定的敵意。

人們能夠自信地站立、忐忑不安地站立嗎?當然可以。

自信地站立,通常情況下表現為雙腳同時穩定地支撐著自己的整個身體,雙腿伸直,但是腿部肌肉是放鬆的,膝蓋並不像集合點名時那樣不自然地繃直。雙腳的位置並非完全平行,而是腳尖略微朝向外側。在

這種情況下，人們通常不會頻繁地走動，站立的姿勢大體上講是充滿自信的。

忐忑不安的站立姿勢，這時人們往往傾向於將身體的重心轉移到某一隻支撐腳，而伸出另一隻腳。他的腳尖可能會略微朝向內側。這種情況下，人們通常不會站著不動，而是會不停地走來走去，不斷地試圖尋找一個更安全的地方。這樣的姿勢顯得不穩定和不自信。

走路的姿勢和腳步的幅度也會反射一個人內心的情緒。比如，一個人兩手插在口袋中，拖著腳步，很少抬頭注意自己正在往何處走，說明這個人的心情非常沮喪。而一個身體前傾，步伐很大的人則很可能正著急趕時間。相反，抱著雙臂、邁著八字步緩慢行走的人就很自然地流露出他那悠閒的心境。

◇ 舌頭的祕密

舌頭的吞吐之間，其實是大有學問的。

舌頭儘管是身體內的一個器官，但因為它可以被露在外面，所以也成為了身體語言的媒介之一，可以用來表達恐懼、欲望、拒絕，以及侵犯他人等訊息。所有的這些，都可追究到嬰兒被餵食的本能反應。

例如，有許多敏感、脆弱、帶點神經質的人，經常有「咬東西」的動作，追根溯源，即是嬰兒飢餓時緊咬母親乳頭才覺得心安這種原始本能的再現。因此，「咬東西」是一種「口腔安慰」，它是嬰兒時期因為某些不知道的原因而形成的習慣性焦慮所造成的。小時候的吸手指、咬指甲，長大後的咬原子筆、咬香菸，雖然咬的東西不同，但意識深處的那種焦慮不安則是一樣的。

CLASS V　了解他人

　　在舌頭的諸多動作裡，最值得討論的，乃是用舌頭表達「拒絕」的各種動作。例如，當人們受到巨大驚嚇時，除了目瞪口呆、雙手平舉、掌心向外，還會把舌頭伸出來。這些動作所代表的符號意義以前一直讓人費解，但到了現在，大家已達成共識，這是一組誇大的表示拒絕的動作。雙手平舉、手心向外，是一種想要把可怕推開的動作，而舌頭伸出來和嬰兒用舌頭頂開他不想吃的食物一樣，是在表達拒絕，只是這種拒絕的程度更大一些。

　　由於上述動作是人們被嚇到時的身體語言，於是，當人要侵犯別人時，就會己所不欲而「施」於人，用這種動作來侵犯別人。這就是「侵犯式的吐舌頭」，也就是所謂的「吐舌頭，扮鬼臉」。這種動作之目的在於嚇人，無禮地侮辱人，但它的根本仍是拒絕，以及由此轉化成的輕蔑。

　　當人們碰到某種小緊張、小尷尬時，也會吐舌頭。但這種情況下的吐舌頭動作不會太久，吐一下就很快縮了回去。這種形態的吐舌頭，在世界各國的幼稚園孩子身上非常容易看到，其所表達的乃是程度最輕微的拒絕，但並不帶有任何侵犯性的意義。儘管幼稚園老師會在孩子吐舌頭後加以制止，但這種動作還是沿續了下來，成為了一種「扮可愛」的表現。

　　除了上述伸舌頭、吐舌頭之外，舌頭還有一種無論老幼、不分男女都會做的動作，那就是當人們專心做一件事情，如專心解一道數學難題、專心玩遊戲或心無旁鶩地讀一本書時，他們通常會把舌頭露出一點，用雙唇緊緊地抿住，一動也不動。

　　這種露舌頭的動作以前也很讓人困惑，但到了近代，由於對人的行為有了更多的理解，它的含義才被解開。露舌頭的動作其實也是一種本能的、下意識的拒絕訊號，具有「別打擾我」、「別煩我」的意思。

表情出賣了你

臉部表情在反映一個人的情緒中占有很重要的地位，它是鑑別情緒的主要方式。

人類的心理活動非常微妙，但這種微妙常會從表情裡流露出來。倘若遇到高興的事情，臉頰的肌肉會鬆弛，一旦遇到悲哀的狀況，就很自然地會淚流滿面。不過，也有些人不願意將內心活動讓別人看出來，而會偽裝表情，單從表面上看，極易讓人判斷失誤。

從表情窺探他人的內心祕密好像簡單，實際上並不容易。美國心理學者奧古斯特·G·伯伊亞曾經做過實驗，讓幾個人用表情表現憤怒、恐怖、誘惑、漠不關心、幸福、悲哀這六種感情，並用錄影機錄下來，然後，讓其他人猜哪種表情表現哪種感情。結果平均每人只有兩種判斷是正確的，當表現者做出的是憤怒的表情時，猜測者卻認為是悲哀的表情。

更難辦的是，為了不讓別人知道自己的內心活動，有些人並不直接表露感情。所以，你看到的表情不一定是他內心情緒的真實表達。比如，在一次洽談會上，對方笑嘻嘻地完全是一副滿意的表情：「我明白了，你說得很有道理，這次我一定考慮考慮。」這使人很安心地覺得交涉成功了，最後卻以失敗告終。

當然，這並非想否定「表情是反映人內心的一面鏡子」。因為在很多時候，人們縱使情緒很激動，但卻會偽裝成毫無表情，或者故意裝出某種相反的表情。

所以如何探測對方的表情背後所隱藏的真實情緒，對探測者的情商

197

CLASS V　了解他人

提出了更高的要求。

由此看來，我們不能簡單地僅從表情上判斷對方的真實情感。在以表情突破對方心理時要注意以下兩方面：

◇ 沒表情不等於沒感情

我們在生活中經常會看到有些人不管別人說了什麼、做了什麼，他們都一副無表情的面孔。碰到這樣的人，許多人都感到十分頭痛。其實，沒表情不等於沒感情，因為內心的活動倘若不呈現在臉部筋肉上，就會顯得很不自然，越是沒有表情的時候，越可能使感情更為衝動。

例如，有些職員不滿主管的言行，卻又敢怒不敢言，只好故意裝出一副面無表情的樣子。事實上，不管如何壓抑那股憤怒的感情，他們內心的不滿依然很強烈，如果仔細觀察他們的面孔，就會發現他們的臉色不對勁。

人們經常把這種木然的面孔稱為「死人臉」，也就是說他們像死人一樣面無表情，神色漠然。這種「死人臉」本身就是一種不自然的表現。

雖然這類人努力使自己喜怒不形於色，但倘若內心情緒增強的話，他們的眼睛往往會瞪得很大，鼻孔會顯皺紋，或在臉上出現抽筋現象。所以，如果看見對方臉上忽然抽筋，那就表示在他的深層意識裡，正經歷著激烈的情緒衝突。

如果碰到這種人，最好不要直接去指責他，或者當場讓他難堪。當看到員工臉色蒼白、臉部抽筋時，主管最好這樣說：「最近是不是心情不好？如果你有什麼不快，不妨說出來聽聽。」要設法安撫員工正在竭力壓抑的情緒。

死板的面孔或抽筋的表情至少可以暗示上下級關係陷入低潮，這時雙方最好開誠布公地交換意見，以消除誤解，改善關係。

　　毫無表情有時候也可能代表著好意或者愛意，尤其是女性，倘若太露骨地表達自己的愛意，似乎為常情所不許，於是便常常露出相反的表情，裝出一副對對方毫不在乎的樣子，其實這種表面上的漠不關心，骨子裡卻是十分關心在意的。

◇ 憤怒悲哀或憎恨至極時也會微笑

　　通常人們說「臉上在笑、心裡在哭」的正是這種類型。縱然滿懷敵意，但表面上卻要裝作談笑風生，行動也落落大方。人們之所以要這樣做，是覺得如果將自己內心的欲望或想法毫無保留地表現出來，無異於違反社會規則，甚至會引起眾叛親離，或者成為大眾指責的對象，恐怕要受到社會的制裁，不得已而為之。關於這一點，最好的例子就是夫妻吵架。丈夫小 A 和妻子小 B 剛結婚時，感情很好，常常形影不離。可是，隨著生活的日漸平淡，彼此都熟悉婚後的生活，再也沒什麼新鮮感了，就常常為柴米油鹽醬醋茶的瑣事而吵架了。

　　起初小 A 和小 B 一有不滿就互相爭吵，互不相讓，但吵過後，兩人堅持不了幾小時又和好了。後來，吵架隨著次數的增加好像成了家常便飯，小 A 和小誰也不願再理對方，他們進入了冷戰階段。

　　但這也不是辦法，小 A 和小 B 還要面對家人和朋友，為了不讓別人看出來，他們逐漸過渡到有別人在場的時候，彼此顯得關係還不錯、很恩愛，而一旦只有他倆獨處時，家裡則靜悄悄的，互不打擾。漸漸地，沒人在的時候他們也開始說話了，但這並不是冰釋前嫌，只是有時候有

CLASS V　了解他人

一些不得不說的話而已。

　　當彼此間的不可調和發展至極端時,不快樂的表情反而逐漸消失,他們的臉上反而呈現出一種微笑,態度上也顯得謙卑而又親切。怪不得一位經常辦理離婚案的法官說:「當夫妻間任何一方表現出這種態度時,就表明夫妻關係已到了不可調和的地步了。」

　　由此可見,觀色常會產生誤差。滿天烏雲不見得就會下雨,笑著的人未必就是高興。很多時候,人們把苦水往肚裡吞,臉上卻是一副甜甜的樣子。反之,臉拉下來時,說不定心裡在笑呢。

眼神識人心

希臘神話裡有一個故事：若被怪物三姐妹中的梅杜莎看上一眼，立刻就會變成石頭。說白了，這是將眼睛的威力神化。

從醫學角度來看，眼睛在人的五種感覺器官中是最敏銳的，占感覺領域的70%以上，因此被稱為「五官之王」。《孟子‧離婁上》曰：「存乎人者，莫良於眸子，眸子不能掩其惡。胸中正，則眸子瞭焉；胸中不正，則眸子眊焉。」從眼中流露出真心是理所當然的，因為「眼睛是心靈之窗」。

深層心理中的欲望和感情首先反映在視線上，視線的移動、方向、集中程度等都表達著不同的心理狀態。觀察視線的變化，有助於人與人之間的交流。爬上窗臺就不難看清屋中的情形，讀懂人的眼色便可知曉他的內心狀況。

透過眼睛看人的方法由來已久。人的個性是一成不變的，無論其修養功夫如何高深。俗語說：「江山易改，本性難移。」看人的個性是簡單的，但看人的表情則不那麼容易。

性為內、情為外，性為體、情為用，性受外來的刺激，發而為情。刺激不同，情就不同。情所表現出的最顯著、最難掩的部分，不是語言，不是動作，也不是態度，是眼睛。言語、動作、態度都可以用假裝來掩蓋，而眼睛是無法假裝的。

我們看眼睛，不重大小圓長，而重在眼神。

你見他眼神沉靜，便可明白他對於你著急的問題早已成竹在胸，穩操勝券。

CLASS V　了解他人

　　向他請示辦法,表示焦慮,如果他不肯明白說,這是因為事關機密,不必多問,只靜待他的發落便是。

　　你見他眼神散亂,便可明白他也是毫無辦法,徒然著急是無用的,向他請示也是無用的。你得平心靜氣,另想應付辦法,不必再多問,多問只會增加他六神無主的程度,這時是你顯示才能的機會,快快自己去想辦法吧!

　　你見他眼神橫射,彷彿有刺,便可明白他異常冷淡,如有請求,暫且不必向他陳說,應該藉機退出,即使多逗留一會也是不適當的,要退而研究他對你冷淡的原因,再謀求恢復感情的途徑。

　　你見他眼神陰沉,應該明白這是凶狠的訊號,你與他交涉,得小心一點。他那一隻毒辣的手正放在背後伺機而出。如果你不是早有準備想和他見個高低,那麼最好快逃。

　　你見他眼神流動異於平時,便可明白他是胸懷詭計,想給你點苦頭嘗嘗。這時應步步為營,不要輕易接近,前後左右都可能是他安排的陷阱,一失足便跌翻在他的手裡。不要過分相信他的甜言蜜語,這是鉤上的餌,是毒物外的糖衣,要格外小心。

　　你見他眼神呆滯,唇皮泛白,便可明白他對於當前的問題惶恐萬狀,儘管口中說不要緊,也的確在想辦法,卻一點辦法也想不出所以然來。你不必再多問,應該退去考慮應付辦法,如果你已有辦法,應該向他提出,並表示有幾成把握。

　　你見他眼神似在發火,便可明白他此刻是怒火中燒,意氣極盛。如果不打算與他決裂,就應該妥協,速謀轉機。否則,再逼緊一步,勢必引起正面的劇烈衝突。

你見他眼神恬靜，面有笑意，便可明白他對於某事非常滿意。如果你想討他歡喜，不妨多說幾句恭維話；如果你有所求，此時是個好機會，相信他一定比平時更容易滿足你的希望。

你見他眼神四射，魂不守舍，便可明白他對於你的話已經感到厭倦，再說下去必無效果，你應該趕緊告一段落，或乘機告退，或尋找新話題，談談他所願意聽的事。

你見他眼神凝定，便可明白他認為你的話有一聽的必要，應該照你預定的計畫，婉轉陳述，只要你的見解不差，你的辦法可行，他必然是樂於接受的。

你見他眼神下垂，連頭都向下傾了，便可明白他是心有重憂，萬分苦痛。這個時候，你不要向他說快樂的事情，那樣反而會加重他的苦痛，也不要向他說痛苦的事情，因為同病相憐更加難忍，你最好說些安慰的話，並且盡速告退，多說絕對是自討沒趣。

你見他眼神上揚，便可明白他不屑聽你的話，無論你的理由如何充分，你的說法如何巧妙，還是不會產生好的結果，不如戛然而止，退而求接近之道。

總之，眼神有散有聚、有動有靜、有流有凝、有陰沉有呆滯、有下垂有上揚，仔細參悟之後，必可發現人情畢露。

CLASS V　了解他人

座位看心理

　　在人與人之間的關係中，坐什麼座位，怎樣坐，都反映了人的深層心理。首先，坐什麼位置直接反映了社會、集團傳統的上席、下席或優勢、劣勢的意識。即便是現在，在拘泥於形式的聚會或老年人多的聚會上，誰坐什麼位置常常使主持者頭痛，在會議參加者之間發生不必要的相互推讓或爭執在所難免。

　　其次，所有人都有在自己身體的周圍保持自己專用空間的心理。如果被侵犯就會不悅，並且產生不安。這個空間被稱為「身體範圍」。通常，人是相互不侵犯這種範圍的。

　　不難看出，對一個人坐的位置、坐姿進行標記、分析，簡直可以畫出一張人心的「地形圖」來。

◇ 座位的物理距離代表著彼此之間的心理距離

　　座位與座位之間的物理距離的大小，可以表示一個人主觀上想侵犯對方身體領域的程度，從而能判斷出他的一些想法，知道他想做什麼。

　　例如：一對以身相許卿卿我我的情侶，即使在很寬敞的沙發上，也會靠近對方的身邊坐下，這當然不是因為沒有足夠的空間，而是反映他們如膠似漆的心態。遇到這種情況，如果你不想讓人煩，最好識趣點，另找其他地方，為別人留下充足的空間。

　　又如，在大學教室裡，如果有人想積極參與討論，就會坐在教室前面的位置上。反之，有些學生不常來上課，用上課時間出去打工，他們

一定會坐在教室的後排；對於這個科目不感興趣的人，也會選擇坐在後面。

◇ 座位的方向意味深長

坐在對方的正對面或旁邊，所表現出來的心理狀態就截然不同。

面對面坐著有一種距離感，若兩人之間有一張桌子或其他障礙物隔著會感覺比較舒服。面對面而坐，雙方都處於可以觀察對方的最佳位置上，很容易產生視線衝突，進而產生一種對峙的感覺。

而坐在對方旁邊的時候，就沒有類似的限制，大多數人會採用親密的距離並肩而坐，彼此朝著同一個方向，注視相同的對象，在這種情況下，很容易產生某種連結感。

在男女關係方面也一樣。中間放著一張桌子，兩人面對面坐著談話，這也許是相當親近的畫面了。不過，這種坐的方式說明他們彼此間的了解還不深，表現出他們在心理上存在著一種相互理解的意願。反之，一般情況下，並肩而坐的兩個人會比面對面而坐的男女說話少些，因為他們彼此早已相互了解，甚至在某種情況下早已以身相許。

所以，我們可以透過觀察他們就座時的方向來推測他們的心理活動，以及與之相關的資訊，這樣你若想採取什麼行動就有了依據。

如果看到一對男女相擁而坐，你就別再有奪人之愛的非分念頭了，只有祝福他們有情人早成眷屬，他們還會對你產生好感。如果看到一對男女相對而坐，則表明他們還有待進一步溝通了解，你若有意於其中一方，也許還有希望。

CLASS V　了解他人

◇ 以深坐與淺坐的坐姿來識破對方的心理

對於人類來說，立姿是最適合活動的一般狀態，因此人們在坐的時候會以立刻能站起來為前提。在椅子上採取淺坐，即是其中的一個例子。有的人因為緊張而只敢淺坐在椅子上，常常處於將要採取行動的緊急狀態裡。他們一旦鬆懈下來，就會坐穩在椅子裡，同時伸出腳，很悠閒，表示不會立刻站起來。

這一觀點可以從獅子和馬身上得到驗證。獅子很凶猛、很強大，所以牠們可以整天睡覺，這似乎代表著一種自信。獅子喜歡捕食馬，所以馬就整天很神經質地站著，但仍然逃脫不了厄運。

因此，深坐的人在精神上占有優勢，至少他希望自己居高臨下，而淺坐的人常感不安，顯示出一種屈居劣勢的狀態。

淺坐的人在無意識中會表現出一種服從對方的心理。在這種人面前，你千萬不要顯得自己太強大、太傲慢，因為他們內心會反抗。相反，你若表現得對他友好或關心，他一定會在心裡喜歡你，願意與你接近，這就為拓展以後的關係奠定了基礎。

如果越來越多的人願意與你接近，這就為你造成一種優勢，起碼在人際關係上你已經贏了，你的工作、學習就很容易走向成功，離得到別人乃至上司的讚賞就不遠了。

◇ 蹺二郎腿的坐姿表現出來的心理祕密

有些人一坐下來就會蹺起二郎腿，據說這種人深沉、不服輸。不過，這是男人的情況，女性則就稍有不同了。女人大膽地蹺起二郎腿，

表現了她對自己的容貌或衣著服飾相當自信。這樣的坐姿,很有把握吸引男人的注意,同時也顯示出了她極欲表現自己。這類女人的自尊心通常很強,熱衷於做老闆,她一面很輕鬆地跟各種男人來往,一面也不輕易傾心於某個男人。

CLASS V　了解他人

穿戴辨性格

人本來是赤裸裸地來到這個世界的，為了隱藏自己的廬山真面目才穿上衣服。其實，人類不曾想到，正是由於穿上自己喜愛的衣服，包括衣服的顏色、質地，反而把自己毫無掩飾地呈現出來了。因為每個人所選購的衣服會把他們的心理狀態表現得淋漓盡致。

◇ 衣著華麗者自我顯示欲強，愛出風頭

在大庭廣眾之下，我們會發現某些人總是穿著引人注目的華美服飾，這種人大致上有強烈的自我顯示欲，對金錢的欲望也特別迫切。

當你看到身著華服的人，或同事中有這樣的人時，你就能洞察到他的這種心理。多誇獎他的服飾，滿足其膨脹的顯示欲是一個好辦法，如此一來，他就不會輕易與你為敵。

◇ 衣著樸素者缺乏自信，喜歡爭執

有一種人穿著樸素，不愛穿華美的衣服，這種人大多缺乏個性，對自己沒有信心，希望藉此對別人施與威嚴，來彌補自己自卑的感覺。

遇到這種人，最好別與他們爭執不休，因為越是自卑的人，越想掩飾自己的自卑，越會與人喋喋不休地爭吵，以期保留剩下的一點點面子。這時候，如果你大大方方地承認他們的觀點，他們反而會覺得你寬容大度，從而取得意想不到的溝通效果。

◇ 喜歡時髦服裝者有孤獨感，情緒常波動

有一種人完全不理會自己的嗜好，甚至不知道自己真正喜歡什麼，他們只以流行為嗜好，向流行看齊。這種人在心底常有一種孤獨感，情緒也經常起伏不定。

◇ 不理時尚者常以自我為中心，標新立異

有一種人對於流行時尚毫不關心，他們的個性可以說十分強硬，但也有一些人是因為不敢面對外面的花花世界，才一味把自己關在小黑屋裡。這種人認為，如果跟別人同調，豈不是等於失去了自我？這種人常常以自我為中心，經常弄得大家索然無味。

◇ 對時尚不冷不熱者處世中庸，情緒穩定

有一種人對流行既不狂熱，又不會置之不理，改變穿衣風格也是漸漸實行。這種人處世中庸，情緒穩定，一般不會做什麼出格的事。他們大多很理性，不過於順從欲望，也不盲從大眾時尚，適度選擇適合自己的部分來應用。這一類人能夠尊重自己的主張，比較可靠，值得結交。

◇ 突變服裝嗜好的人想改變生活方式，也有逃避現實的成分

某公司職員小張，一直穿著固定式樣與格調的西裝。但突然有一天，他卻改成了瀟灑的夾克、鮮豔的長褲，繫著與往日完全不同顏色的領帶來公司上班。

CLASS V　了解他人

　　從表象來看，小張可能受到某種刺激，使他在想法上發生變化，所以同事們都在心底認為，小張的這一改變懷有某種新的意思，於是他們好奇地猜測：「他今天有什麼事嗎？」、「他遇到了什麼問題？」

　　對於這種突然改變自己服裝嗜好的人，你若想與他們保持良好的關係，應當顯得不當一回事，或者讚美他們穿什麼都很不錯，相信他們的心靈大門一定會向你敞開，你也會贏得他們的回報 —— 讚美。

　　「衣服是第二皮膚」，服裝能非常明確地表現出人的性格和心理狀態。雖然穿戴者不願讓人從穿著上看出他的職業和經濟能力，而是想充分發揮個性。但事實上，人的內心更直接地表現在穿著上。這樣，對研究內心分析法的人來說，反而更有用武之地。

Test 4：你的觀察力如何？

仔細閱讀下列問題，選出最適合你的選項：

1. 進入某公司時，你會

    A・注意桌椅的擺放位置

    B・注意辦公用品的確切位置

    C・觀察牆上掛著什麼

2. 與人相遇時，你會

    A・只看他的臉

    B・悄悄地從頭到腳打量他一番

    C・只注意他臉上的個別部位

3. 你從自己看過的風景中記住了

    A・色調

    B・天空

    C・當時浮現在你心裡的感受

4. 早上醒來後，你會

    A・馬上想起今天應該做什麼

    B・回想昨晚夢見了什麼

    C・思考昨天發生了什麼

CLASS V　了解他人

5. 當你坐上公共汽車時,你會

　　A・誰也不看

　　B・看看誰站在旁邊

　　C・與離你最近的人搭話

6. 在大街上,你會

　　A・觀察來往的車輛

　　B・觀察身邊的建築

　　C・觀察行人

7. 當你看商店的櫥窗時,你會

　　A・只關心可能對自己有用的東西

　　B・看看自己此時不需要的東西

　　C・注意觀察每一件東西

8. 如果在家裡找東西,你會

　　A・把注意力集中在這個東西可能放置的地方

　　B・到處尋找

　　C・請別人幫忙找

9. 看到你的親戚、朋友過去的照片,你會

　　A・激動

　　B・覺得可笑

　　C・盡量了解照片上都是誰

10. 假如有人想讓你加入一個你不會玩的遊戲，你會

    A．試圖學會並且想贏

    B．藉口過一段時間再玩而給予拒絕

    C．直接告知你不會玩

11. 當你在公園等人時，你會

    A．仔細觀察旁邊的人

    B．看報紙

    C．想心事

12. 在滿天繁星的夜晚，你會

    A．努力觀察星座

    B．只是一味地看天空

    C．什麼也不看

13. 當你放下正在讀的書時，你會

    A．用鉛筆標出讀到什麼地方

    B．放個書籤

    C．相信自己的記憶力

14. 你會記住領導的

    A．姓名

    B．外貌

    C．什麼也沒記住

CLASS V　了解他人

15. 在擺好的餐桌前，你會

    A. 讚揚它的精采之處

    B. 看看客人是否都到齊了

    C. 看看所有的椅子是否都放在合適的位置上

計分方法：

選項 得分	A	B	C
1	3	10	5
2	5	10	3
3	10	5	3
4	10	3	5
5	3	5	10
6	5	3	10
7	3	5	10
8	10	5	3
9	5	3	10
10	10	5	3
11	10	5	3
12	10	5	3
13	10	5	3
14	5	10	3
15	3	10	5

說明：

101～150分，說明你是一個很有觀察力的人。對於身邊的事物，你會非常細心，同時你也能分析自己和自己的行為。如此知人之微，你

會逐步做到極其準確地評價別人。只是很多時候，做人不能太拘泥於細節，你也應該適當爽快一點，往大的方向去看。

76～100分，說明你有相當敏銳的觀察力。大部分情況下，你會精確地發現某些細節背後的聯繫。這一點對於你培養自己對事物的判斷力非常有好處，同時也會增強你的自信心。但是，你需要注意的是，很多時候，你對別人的評價會帶有偏見。

46～75分，說明你能夠觀察到很多表象，但對別人隱藏在外貌、行為方式背後的東西通常採取不關心的態度。從某種角度來說，你的「難得糊塗」充滿了大智慧，你很懂得把自己從某些不必要的事情中「拔」出來，享受自己內心的愉悅。

如果你的總分等於45分，基本上可以認為你不喜歡關心周圍的人，不管是他們的行為還是他們的內心。你甚至認為連自己都不必過多分析，更何況其他人。因此，你是一個自我中心傾向很嚴重的人。沉浸於自己無限大的內心世界固然好，但要提防你的社交生活會出現某些障礙。

CLASS V　了解他人

CLASS VI

人際關係

生活中完成每件事都離不開協商、溝通、影響和說服別人做事的能力。在所有領域,最有效率的人是那些為了實現目標能與人合作的人。

—— 美國作家布萊恩・特雷西(Brian Tracy)

CLASS VI　人際關係

影響力

　　人際關係包括在社會交往中的影響力、傾聽與溝通的能力、處理衝突的能力、建立合作與協調的能力，等等。

　　有些人在人際交往中的影響力是與生俱來的，他們在參加酒會或慶典的時候，只需很短的時間就能和所有人交上朋友。也有些人並不具備這樣的天賦，他們在社交活動中常常比較內向，寧願一個人躲在角落裡也不願主動與人交談。

　　人際關係最重要的特點是它具有情感的基礎。人與人之間的親近與疏遠、合作與競爭、友好與敵對等，都是心理上距離遠近的表現形式，都具有情感的色彩。個體之間、群體之間的好感或反感，反映了個體或群體的社會需求，以及是否得到滿足的情感體驗。

　　人際關係是由多種成分構成的，其中最主要的成分是相互認同、情感相容、行為近似。只有這樣，才能產生人際吸引，形成良好的人際關係。

　　相互認同是透過知覺、表象、想像、思維、注意和記憶等由淺入深、由表及裡的認識活動而實現的。當人們透過訊息的交流取得相互了解和滿足交往的需求時，才能情感相容、行動一致。

　　因此，相互認同在人際關係中是首要的心理成分。人與人之間的心理上的距離往往是隨著彼此相互認同的變化而變化的，在群體中，人際關係不可能始終如一，永恆不變。即使長期的心心相印，志同道合，其心理也並非是等距離的。

情感相容是以彼此喜愛、親近、同情、照顧等形式表現出來的。凡是能驅使人們接近、合作、聯繫的情感，都稱之為結合性情感。結合性情感越多，彼此之間越相容。凡是能驅使人們分離開來的情感，如憎恨、厭惡、冷淡、不滿等，都稱之為分離性情感。分離性情感越強烈，則彼此之間越不相容。所以，情感相容的人際關係的形成具有重大的作用。歷來社會心理學家就很重視情感成分，把它視作人際關係形成的基礎。

　　行為近似是指彼此的言行舉止、交往動作、角色地位、儀表風度等人際行為模式極其相近。人與人之間的行為模式越近似，就越容易產生和形成人際關係。因此行為動作也是構成人際關係的一個重要成分。

　　由相互認同、情感相容、行為近似這三個方面構成的人際關係系統，對於個性的全面發展，對於維護心理健康，保持正常的社會生活，對於促進社會的進步，都具有巨大的正面影響作用。

CLASS VI　人際關係

和尚與大兵

　　俄亥俄州大學（The Ohio State University）社會心理學家約翰・卡西波指出，人與人之間的情緒會互相感染，看到別人表達情感會引發自己產生相同的情緒，儘管你並未覺察出自己在模仿對方。這種情緒的鼓動、傳遞與協調，無時無刻不在進行，人際關係互動的順利與否便取決於這種情緒的協調情況。

　　越南戰爭初期，美國士兵與越軍在一處稻田激戰，這時，突然出現了六個和尚，他們排成一列走過田埂，毫不理會猛烈的炮火，十分鎮定地一步步穿過戰場。

　　美國兵大衛・布西回憶道：「這群和尚目不斜視地筆直走過去，奇怪的是竟然沒有人向他們射擊。他們走過去以後，我突然覺得毫無戰鬥情緒，至少那一天是如此。其他人一定也有同樣的感覺，因為大家不約而同停了下來，就這樣休兵一天。」

　　這些和尚的處變不驚在激戰正酣時竟澆熄了戰火，這正顯示出人際關係的一個基本定理：情緒會互相感染。

　　這當然是個極端的例子，一般的愛憎分明沒有這麼直接，而是隱藏在人際接觸的默默交流中。它彷彿是一股心靈暗流，使彼此的情緒互相交流感染，當然，並不是每次交流都很愉快。

　　在每一次人際接觸時，人們都在不斷傳遞情感的訊息，並以此訊息影響對方。譬如說，同樣一句「謝謝」可能會帶給你憤怒、被忽略、真正受歡迎、真誠感謝等不同的感受。情緒的感染無所不在，簡直讓人嘆為觀止。

社交技巧愈高明的人愈能自如地掌握這種資訊。社交禮儀其實就是在預防情感的不當洩漏破壞人際關係的和諧。情感的收放是情商的一部分，比較受歡迎或具有迷人個性的人，通常是因為其情感收放自如，讓人樂於與之為伍。善於安撫他人情緒的人更握有豐富的社交資源。

情緒的感染通常是很難察覺到的，這種交流往往細微到幾乎無法讓人察覺。專家做過一個簡單的實驗，請兩個實驗參與者分別寫出自己當時的心情，然後請他們相對靜坐等候研究人員的到來。

兩分鐘後，研究人員來了，專家再次請他們寫下自己此刻的心情。請注意，這兩個實驗參與者是經過特別挑選的，一個極善於表達情感，一個則是喜怒不形於色。實驗結果顯示，後者的情緒總是會受到前者的感染，每一次都是如此。

這種神奇的傳遞是如何發生的呢？

人們會在無意識中模仿他人的情感表現，諸如表情、手勢、語調及其他非語言的形式，從而在心中重塑對方的情緒。這有點像導演所倡導的表演逼真法，要演員回憶產生某種強烈情感時的表情動作，以便重新喚起同樣的情感。

情緒的傳遞通常都是由表情豐富的一方傳遞給較不豐富的一方，也有些人特別易於受感染，那是因為他們的自主神經系統非常敏感，因此特別容易動容，看到煽情的影片動輒掉淚，和愉快的人小談片刻便會受到感染，這種人通常也較易產生同情心。

所以，人際互動中決定情感步調的人自然居於主導地位，對方的情感狀態將受其擺布。譬如說，對跳舞中的兩個人而言，音樂便是他們的生物時鐘。在人際關係互動中，情感的主導地位通常屬於較善於表達或較有權力的人。通常是主導者的話比較多，另一人時常觀察主導者的表情。

CLASS VI　人際關係

　　高明的演說家、政治家或傳道者極擅長帶動觀眾的情緒，誇張地說，就是控制對方的情緒於股掌之間，這正是影響力的本質。

　　情緒是可以感染的，憤怒是可以控制的。泰瑞‧道森 (Terry Dobson) 曾經講過的故事就是極佳的例子。

　　早年，道森離開美國去日本東京學習氣功。一天下午，他乘坐地鐵回家，在車上遇到一個酒氣沖天的壯碩男子，臉色陰沉，彷彿要打架滋事。

　　這個人一上車就跌跌撞撞，他高聲咒罵，把一個懷抱嬰兒的婦女撞得跌倒在地，一對老夫婦嚇得奔逃到車廂另一端，一車人屏息著不敢出聲，都很害怕。醉漢繼續衝撞別人，但因醉得太厲害而失去理智，緊緊抓住車廂正中央一根鐵柱子，大吼一聲想將它連根拔起。

　　道森每天練八小時氣功，體能正處於最佳狀態，此時他覺得自己應該站出來干預，以免其他乘客無辜受傷。想到這裡，道森站了起來。

　　醉漢一看見道森便吼道：「好啊，一個外國佬，教你認識認識日本禮儀！」接著便作勢準備出擊。

　　就在醉漢將動未動之際，突然有人發出洪亮而愉快的一聲：「嘿！」

　　那音調彷彿是好友久別相逢後的欣喜，醉漢驚訝地轉過身，只見一個年約七十、身著和服、身形瘦小的日本老者滿面笑容地對他招了招手說：「你過來一下！」

　　醉漢大踏步地走過去，怒道：「憑什麼要我跟你說話？」

　　道森目不轉睛地注視著醉漢的動作，準備在情況不對時立刻衝過去。

　　「你喝的是什麼酒？」老人滿臉笑意地望著醉漢問道。

　　「我喝清酒，關你什麼事？」醉漢依舊大吼大叫。

「太好了！太好了！」老人熱切地說：「我也喜歡清酒，每天晚上我都和太太溫一小瓶清酒，拿到花園，坐在木板凳上……」

接著，老人又說起他家屋後花園的柿子樹，然後老人愉快地問他：「你一定也有個不錯的老婆吧！」

「不，她過世了……」醉漢哽咽著開始說起他的悲傷往事，如何失去妻子、家庭和工作，如何感到自慚形穢。

老人鼓勵醉漢把所有的心事都說出來，只見醉漢斜倚在椅子上，頭幾乎埋在了老人懷裡。

面對一個憤怒的人，最有效的方式就是轉移他的注意力，對他的感受表現出同情心，進而引導他產生較愉悅的感受，這種以柔克剛的道理與柔道極其相似。

如果說安撫他人痛苦的情緒是社交技巧的表現，那麼妥善對待一個盛怒中的人，就是高難度的情商表現。

CLASS VI　人際關係

洛克斐勒成功祕訣

有一句著名的古話是「想讓他人做你想要他做的事，最好的辦法是讓他認為這件事是他自己想做的」，讚美就能讓你做到這一點。

認可和讚美猶如心靈的空氣，沒有空氣，人類便無法生存。人類最渴望的就是精神上的滿足——被了解、被肯定和被賞識。對人來說，讚美就如同溫暖的陽光，缺少陽光，花朵就無法開放。

讚揚別人是給予的過程，情商高和懂得移情的人總是記得，在萎靡不振時，別人的一句讚美曾經給予他們多麼大的快樂、多麼大的幫助。他們同樣記得，別人的讚揚曾經多麼神奇地幫助他們克服了自卑情結。他們逐漸意識到，周圍的人和他們一樣，都渴望別人的欣賞和讚揚。所以，聰明的人從不吝惜自己真誠的讚美之詞。

在人際交往的過程中，讚美和認可總是能有效地發揮激勵和調節情緒的作用。人們對於讚揚和認可總是不設防的，往往一句簡單又看似無心的讚揚、一個認可的表情就是良好關係的開端，人與人的距離由此拉近。當別人自卑時，用他的某部分優點鼓勵他；當別人有過失的時候，用認可使其恢復自信和自尊，由此建立患難真情；當別人開始牴觸時，嘗試用認可樹立雙方的共同立場，減少對立。

讚美和認可傳遞的是情感和思想，表達的是善意和熱情，化解的是有意無意間與人形成的隔閡。在讚美聲中，別人的精神感染著你，別人的榜樣鼓舞著你，送一點讚美給別人，你的世界會一片燦爛。

許多成功者靠讚美別人脫穎而出。英國石油公司總裁布朗勳爵（John Browne）當時被層層提拔，很快就進了 CEO 的候選團隊，然後又榮升公

司總裁。後來，英國石油公司在世界石油市場上獨占鰲頭，布朗立下了汗馬功勞。

在很多場合中，布朗將其成績歸功於前任總裁，是他選拔了自己，並讓自己獨當一面。於是有人問前任總裁，當時他是怎樣看準布朗勛爵的。

前任總裁回答說：「布朗總能在許多出色的人中間脫穎而出。他總能吸引很多出色的人到他身邊，他從來不怕身在聰明人堆裡。顯然，他總有信心、有能力成為其中最出色的，而且他更知道如何利用自己的讚美來網羅優秀的人才。」

讚美絕不是單方面的給予和付出，讚美別人是學習別人優點和長處的過程，是與人交流時和諧溝通的過程，也是心胸氣度的培養過程。

一個能夠慷慨地給予別人讚美和認可的人，一定是一個充滿自信的人。他們從不認為讚美別人會助長他人的氣勢，也從不擔心照亮別人，就會遮住自己的光。因為他們堅信自己是太陽，是光和熱的泉源，故而從不吝惜給予別人溫暖，也從不吝惜用自己的光來照亮別人。他們可以創造一個充滿鼓勵的環境，使置身其中的人愉快地工作和學習。

如果你發現了別人的長處，就大膽地告訴他。嘉勉要誠懇，讚美要大方，要真誠而不要虛偽。

每個人都有優點，讚美別人會使對方各方面的情緒得到調動，從而向你展示出他最好的一面，發揮出他最大的優勢。所以，我們每個人都要學會用讚美、主動發現別人的優點，並給予他們真誠的讚美。

如果每個人都可以把這一點做得很好，相信人與人之間的矛盾就會減少，關係也會融洽很多。同時，你還可以更多地學習別人的優點和長處，使自己在各方面都得到完善和提高。

CLASS VI　人際關係

洛克斐勒曾經說過：「要想充分發揮員工的才能，最好的方法就是讚美和鼓勵。一個成功的領導者應當學會如何真誠地去讚許人，引導他們工作。我總是深惡挑人的錯，而從不吝惜說他人的好。事實也證明，標準石油公司的任何一項成就都是在這種被嘉獎的氣氛下取得的。」真誠地讚賞他人，是洛克斐勒取得成功的祕訣之一。

有一次，洛克斐勒的一個合作夥伴在南美的一宗生意中使公司蒙受了一百萬美元的損失。洛克斐勒不但沒有責備他，反而說：「你能保住投資的60%已經是很不容易的事了。」這令合作夥伴大為感動，在下一次的合作中，他取得了巨大的利潤，成功挽回上次的損失。

許多心理試驗表明，讚美對於強化人的行為具有重要的作用。因此，它是激勵員工的有效手段之一。

讚美為什麼能產生如此大的效用呢？美國心理學家亨利·格達德曾經做過一個有趣的測試，他設計一種測量疲勞程度的能量測定儀。當他給疲倦的孩子一些讚美時，能量測定儀上的指數會急速上升。相反，當斥責孩子時，指數便會突然下降。

雖然關於讚美效力的生理發生機制還沒有明確的研究結果，某些科學家假設的可能與應用情緒中樞杏仁核，促使激素分泌而提高整個機體的活動有關的觀點還有待進一步考證，但讚美效力的存在是毋庸置疑的。

從情商的角度來講，讚美可使他人處於一種正面愉快的情緒狀態中。對於人來講，最基本的情感需求便是被肯定、被尊重和被重視。企業員工也不例外。

尼古拉斯曾對幾千名銷售人員和管理人員進行過調查，要他們依次回答：「對於銷售人員，什麼是最為重要的因素？」

結果，銷售人員幾乎毫無例外地都選擇了「工作業績被肯定」這一點，而管理者們則認為，它頂多只能排在第七位。雙方認知上的差異顯而易見。

　　調查結果還表明，能對員工的功勞給予恰當重視與肯定的管理人員，其管理績效也是較好的。

　　有的管理者為何如此吝惜給予下屬讚美之詞呢？列維森指出，缺乏同理心的人常吝於讚美下屬。

　　技巧性的讚美與技巧性的教訓一樣，都能發揮意想不到的激勵作用。

　　首先，對員工進行讚美時應當注意分寸。企業員工都具有分辨力，虛假、誇大的讚美往往會造成相反的效果，不僅無法保持領導者的威嚴，更無法發揮激勵的作用。

　　其次，讚美要具體，針對員工的特定工作進行表揚。管理者應該說的是「你今天的會議紀錄做得很好」、「你提交的報告很有創造性與建設性」，而不是「今天你的表現很好」。

　　最後，讚美要公開化，這與要私下斥責是恰好相反的，但道理卻是一樣的。讚美要讓他人知道，只有表現出來的讚美才能感染別人的情緒。讚美是以真誠為基礎的，是對別人的付出表示敬佩或謝意的一種表達。

CLASS VI 人際關係

說服要先揣摩

　　說服是鼓動而不是操控，說服是影響，而影響是一個優美的過程。如果你把自己想像成一個藝術家，細心揣摩別人的心理和情緒，你就能說服和影響他人。一位父親曾這樣提到自己尋求了解女兒的心路歷程，以及「知彼」對父女倆的深遠影響：

　　女兒凱琳約十四歲時，開始對我們十分不尊重，經常出言諷刺、語氣輕蔑，她的行為也開始影響弟弟和妹妹。

　　我一直沒採取行動，直到某天晚上，妻子、我及凱琳在我們的臥室裡，凱琳脫口說了些很不當的話。我覺得她實在鬧得不像話，於是大聲喝斥道：「凱琳，你聽好了，讓我告訴你我們家的規矩！」

　　我道貌岸然地長篇大論一番，以為能讓她信服，知道該尊敬爸媽。我提到最近生日為她做的一切，還提醒她，我們如何協助她考取駕照，還讓她開自己的車。我滔滔不絕地列舉出了不少豐功偉業。說完後，我以為凱琳會對我們叩拜一番，感激涕零，可是她竟有些挑釁地說：「那又怎麼樣？」

　　我氣炸了，憤怒地說：「你給我回房間去，我們真是不想再管你了。」凱琳衝出去，摔上自己的房門。我氣得在臥室踱步。

　　然而，冷靜之後我突然想到，我並沒試著了解凱琳，我雖無意打擊她，但卻只站在自己的立場上考慮問題。這份覺悟扭轉了我的想法和對凱琳的感覺。

　　半小時後，我來到女兒房間，第一件事就是為自己剛才的行為道歉，我並未為她的行為開脫，僅就自己粗魯的舉止致歉。

說服要先揣摩

「我知道你心裡有事,可是我不知道是什麼。」我要讓她知道,我真的想了解她。最後,我終於營造出了一種讓她願意跟我分享她內心不快的氣氛。

凱琳有些遲疑地談到了她的感受:身為國中生的她,不但要把書唸好,還得結交新朋友;她害怕自己開車,因為這是一種全新的考驗,她擔心自己會出意外;她剛接了一份兼職工作,不知老闆對她有何看法;她要上鋼琴課,還要練鋼琴,生活相當忙碌。

最後,我說:「凱琳,你經常覺得不知所措,對嗎?」問題找到了,萬歲!凱琳覺得有人了解她了。在面對這些挑戰時,她覺得手足無措,所以對家人頗多怨責,因為她渴望家人的關注,其實她真正想說的是:「拜託誰來聽我說說話吧!」

因此我告訴她:「所以當我要求你尊重我們時,你覺得又多了一件事。」

「就是!」她說:「又多了一件事!我連眼前的事都應接不暇了。」

我把妻子拉來,三人坐下來慢慢細談,設法讓凱琳簡化自己的生活。最後她決定不去上鋼琴課,也不練鋼琴了。接下來的幾星期,凱琳像是換了個人似的。從那次之後,凱琳對自己選擇生活的能力更具信心了。她知道父母了解她,也支持她。不久,凱琳辭去了那份兼職工作,因為那份工作不符合她的理想,她在別處找到了一份更好的工作。

回顧過去,我想,凱琳的自信來自我們樂於花時間坐下來了解她,而不是對她說:「好吧,這種行為不可饒恕,不准你出門!」

凱琳與父母的爭執只是一種表象,她用行為掩蓋自己心中的憂懼,父母若只針對她的行為回應,便永遠無法知道她的煩惱。於是,凱琳的父親放下教訓的手段,真心揣摩其心中所想。當凱琳感受到父親的這個意願時,便開始安心坦承自己的心事。一旦理清問題,凱琳就能感受到

CLASS VI　人際關係

別人的了解,接著便會希望獲得父母的引導與指示。

由此可以看出,在說服的過程中,我們要注意以下兩條原則:

第一,說服的前提是,你要清楚自己想要什麼結果,同時知道他人的要求,在你和對方的需求之間平衡。

如果你不知道自己想要什麼結果,而對方又非常清楚被你說服的最終結果,那麼你將會被對方所影響。

第二,在說服的時候,切忌融入自己的情緒。在任何場合下的生氣、過於激動、過於高興和傷感,都會削弱你的力量。

理解他人模式的途徑是溝通,我們要學會在他人的世界裡認識他們。人際關係成功的人,一般都是善於揣摩他人心理的人。

溝通時,要讓對方覺得自己被接受、被了解,覺得你將心比心,善解人意。這就要求你去深入了解對方的內心世界,並加以觀察體會,細心揣摩,最後採取適當的行動來滿足對方的需要,建立信任感,從而使溝通更有成果、更有效率。

交往的技巧

曾經聽過一個故事：

「不准傷害我的小雞！放下牠！」我氣昏了頭，哭喊著。

「不要！」她回頭瞪著我。

我看見那隻黑色的小母雞拍著翅膀，極力想掙脫詹妮絲的魔爪。爸媽在後院裡養了一些雞，此刻詹妮絲正抓住一隻黑母雞的脖子，就是不肯鬆手。

「詹妮絲，放開我的小雞！否則，你一定會後悔的！」我大吼。

「牠是我的小雞！」她一邊說，一邊攬得更緊了。

四歲的我堅定地跺著腳，說：「你等著，看我怎麼收拾你！」

我衝進屋裡，很清楚自己要做什麼。在詹妮絲掐死小雞之前，非得讓她放手不可，我一定要保護我的小雞！

我直接跑到媽媽的房間，找到一根弟弟小薩米別紙尿褲的別針，又衝進後院。

「放下我的小雞，詹妮絲，要不我就用別針扎你。」

「不！」她尖叫。然後我就一針刺了過去。

最棒的就是，她終於放下了那隻小雞；可糟糕的是，我一點都不後悔扎了她。

三歲的她跑到屋裡，一邊哭號，一邊揉著她那隻被別針扎傷的小手臂。

CLASS VI　人際關係

　　謝天謝地，我的小雞安全了。我心滿意足地走進屋子，可哪知道這件事還沒完呢。

　　梅迪──就是我們的媽媽，一定是詹妮絲向媽媽告狀，反正媽媽知道了這件事。我被媽媽用一根桃樹枝結結實實地抽了一頓。

　　如果你沒捱過打，肯定想像不出那個滋味。我才四歲，就上了重要的一課，知道再也沒有什麼東西比桃樹枝抽起人來更痛了！桃樹枝使我記憶深刻，我很快就懂得這個道理。

　　媽媽想用「以其人之道還治其人之身」的辦法讓我明白，傷害別人的行為是不對的！以小小的皮肉之苦來教育一個孩子不要傷害別人，這種做法在今天看來似乎太嚴厲了，但我的經歷證明它的確管用──我可不想再重上那一課。

　　我一邊哭，一邊說對不起，我不該傷害詹妮絲。

　　媽媽說：「等你爸回來，我會告訴他這件事。用那根別針，你可能會把詹妮絲傷得很重呢！蘇珊，即便別人做錯事，你也仍然應該尊重她。兩個錯誤加起來，永遠不可能製造出一個正確！」

　　我從沒闖過這麼大的禍，而且也沒想到這會讓媽媽難過。我只是想救我的小雞。

　　第二天，爸爸回來過週末。我坐在走廊上，爸爸出來坐在我身邊，手裡拿著一根紙尿褲別針。

　　「你媽說你昨天用這根舊別針扎了詹妮絲。這是真的嗎，蘇珊？」

　　「是的，爸爸。誰讓她掐我的小雞呢！」

　　「我知道那隻小雞的事，蘇珊，我想讓你摸一摸這根別針的針尖，你就知道它有多尖了。來，輕輕摸一下，小心點。」我搖搖頭，哭了起來。

「它真的很尖，」爸爸接著說：「想想看，你要是被這根別針扎了，會不會很痛？」

「會痛的，爸爸。」我羞愧地低聲說道。

「你不可以用傷害別人的方式來解決問題，你必須學會動腦筋想出其他解決辦法。如果你除了傷人以外，找不到別的解決辦法，那就什麼也不要做，等到有人幫你想出好辦法後再說。你明白我的意思嗎？」

「是的，爸爸，我本來應該去告訴媽媽的。」

「這就對了，蘇珊。即使面對做錯事的人，你也總要問問自己：如果別人也這樣對我，我會高興嗎？如果你不願意別人這樣對待你，你就不應該這樣對待別人。在生活中如果能遵循這條黃金規則，你就不會做錯了。」

數十年的記憶一起湧現在腦海中。朦朧中，時間會變得模糊，那些思想卻仍然清晰如初。從最早的印象直到如今，我都知道爸爸是一個以道德規範為中心的人，而這種道德規範是從《聖經》中的「人生戒律」而來的。

對於爸爸而言，事情不是黑就是白，一個選擇不是對就是錯。對他來說，沒有什麼似是而非的「灰色」決定。

黃金規則是爸爸生活中最重要的準則。從他那裡，我明白了這個道理──你願意別人怎樣對待你，你也要怎樣對待別人。

除了「你願意別人怎樣對待你，你也要怎樣對待別人」這條黃金規則以外，留面子效應 (Door in the face effect)、冷熱水效應也是人際交往中的偉大法則，需要每個人仔細揣摩後給予恰當應用。

CLASS VI　人際關係

◇ 留面子效應

美國心理學家查爾迪尼曾經進行過一項研究實驗，他要求二十名大學生花兩年時間擔任一個輔育院的義務志工。這是一件很累的工作，大學生們斷然謝絕了。

隨後，他又提出了另一個要求，讓這些大學生帶領輔育院的少年們去動物園玩一次，結果50%的人接受了。而當他直接向另一些大學生提出這個要求時，只有16.7%的人同意。

其實，帶輔育院的少年們去動物園玩也是一件很麻煩的工作，這從被直接提要求的大學生中只有16.7%的人表示同意便可以看出來。但為什麼把這個要求放在另外一個較困難的要求之後，就會有50%的人接受呢？

那些拒絕了第一個要求的大學生都認為，這樣做損害自己富有同情心、樂於助人的形象。為恢復他們的利他形象，便欣然接受第二個要求。再者，當實驗者提出一個要求遭拒絕後，接著再提出另一個小一點的要求，這可以看作某種讓步，那麼出於一個文明社會的基本禮貌，另一方也應該做出相應的讓步。也就是說，如果對某個人提出一個很大而又被拒絕的要求後，接著再向他提出一個小一點的要求，那麼他接受這個小要求的可能性就比直接向他提出小要求而被接受的可能性大得多，這種現象被稱為留面子效應，也叫門面效應。

許多人正是利用這種策略去影響他人的，在他們想讓別人為自己處理某件事情之前，往往會提出一個別人根本不可能做到的要求，待別人拒絕且懷有一定的歉意時，再提出自己真正要對方辦的事情。由於前面的拒絕，人們往往會為了留面子而接受隨後的要求。

當然，留面子效應能否發生作用，關鍵在於別人是否有義務對你提供幫助。如果既無責任，又無義務，雙方素昧平生，你卻想讓別人答應你做有損自身利益的事情，這時候採用「留面子效應」也是徒勞的。如果你想讓自己的父母為你買一臺收音機，你可以先提出買一臺電視機。但如果你以為對一個陌生人也可以用這一招的話，就有點異想天開了。

◇ 冷熱水效應

　　一杯溫水，保持溫度不變。另有一杯冷水，一杯熱水。若先將手放在冷水中，再放回溫水中，會感到溫水熱；若先將手放在熱水中，再放回溫水中，會感到溫水涼。同一杯溫水，卻出現了兩種不同的感覺，這就是冷熱水效應。

　　某汽車銷售公司職員約翰，每月都能賣出三十輛以上的汽車，深得公司經理的賞識。由於種種原因，約翰預計這個月只能賣出十輛車。深懂人際奧妙的約翰對經理說：「由於銀根緊縮，市場蕭條，我猜想這個月頂多賣出五輛車。」經理點了點頭，對他的看法表示贊同。沒想到這個月過後，約翰竟然賣出十二輛汽車，公司經理對他大大誇獎了一番。

　　假如約翰對經理說本月可以賣十五輛汽車或者事先什麼也不說，結果只賣出十二輛，那麼公司經理會怎麼認為呢？他會強烈地感受到約翰的失敗，不但不會誇獎，反而可能指責。在這個事例中，約翰把最糟糕的情況——頂多賣五輛車，報告給經理，使得經理心中的「秤砣」變小，因此，當業績出來以後，經理對約翰的評價不但沒有降低，反而提高了。

　　每個人心裡都有一桿秤，只不過秤砣並不一致，也不固定，而且會

CLASS VI　人際關係

隨著心理的變化而變化。當秤砣變小時,它所稱出的物體重量就大;當秤砣變大時,它所稱出的物體重量就小。人們對事物的感知就是受這秤砣的影響。在人際交往中,我們要善於運用冷熱水效應。

人生在世,難免有事業下滑的時候,難免有不小心傷害他人的時候,難免有需要對他人進行指責的時候,倘若處理不當,就會降低自己在他人心目中的形象。

如果巧妙運用冷熱水效應,不但不會降低自己的形象,反而會獲得他人好的評價。當事業下滑的時候,不妨預先把最糟糕的事態委婉地告訴別人,將來即使失敗也可立於不敗之地;當不小心傷害他人的時候,道歉不妨超過應有的限度,這樣不但可以顯示出你的誠意,而且會收到化干戈為玉帛的效果;當要說令人不快的話語時,不妨事先宣告,這樣就不會引起他人的反感,反而會使他人體會到你的用心良苦。

這些運用冷熱水效應的舉動,實質上就是透過一兩處伏筆,使對方心中的秤砣變小,如此一來,它所稱出的物體重量也就大了。

盲人與燈籠

　　捨得，捨得，只有捨，才能得。捨與得是緊緊聯繫在一起的。在人生的長河中，人們常常會面臨捨與得的考驗。

　　一位旅行者在茫茫沙漠中迷了路，驕陽似火，酷暑難耐。沒有水喝，死亡時刻在向他逼近。

　　他在心裡暗暗提醒自己：水！水！一定要堅持到最後一刻，找到水源。

　　憑著一股強烈的求生本能，他在沙漠中艱難地跋涉著。找啊找啊，他終於發現了一塊小石板。在小石板旁邊，他又發現了一個汲水機。他迫不及待地使勁抽水，卻怎麼也抽不上來。

　　就在他心灰意冷、沮喪不已的時候，卻意外地發現旁邊還有一個水壺，水壺上塞著塞子。他拿起水壺，準備一飲而盡時，突然看到上面寫著這樣幾行字：「旅行者，在你發現這個水壺時，它也許只剩下半壺水了。你把這半壺水灌進汲水機中，井裡才能抽出水來。記住，走之前把水壺灌滿。」

　　他小心拔開塞子，果然看到半壺清水。望著水，他猶豫起來：是馬上倒進乾渴的喉嚨，還是照紙條上所寫倒進汲水機？如果倒進汲水機而抽不出水來，自己豈不是要渴死？

　　經過一番掙扎之後，他勇敢地拿起水壺，將水倒進了汲水機。果然抽出了源源不斷的、清清的泉水。旅行者痛痛快快地喝了個夠，一種由衷的幸福從心裡洋溢位來。

CLASS VI　人際關係

　　休息了一會兒,他把水壺裝滿水,塞上塞子。然後在紙條上加了幾句話:請相信我,紙條上的話是真的,你只有先捨得半壺水,才能抽出滿壺的水來。

　　給予和接受存在於人們的每一次交往之中。給予產生接受,接受又產生給予。上升之物必會降落,輸出的也必定會回歸。

　　每一顆種子都蘊含著千木成林的諾言,但是不能把種子藏起來,必須將它還之於肥沃的土地。你給予越多,收穫就越豐。

　　事實上,生命中一切有價值的東西只會在給予時才能變出萬千種。在給予中沒有變化的東西既不值得給予,也不值得接受。

　　如果在給予時你若有所失,那麼這種給予就不是真正的給予,因而也就不會有所提升。如果你勉為其難地給予,這種給予便失去了意義。你在給予和接受當中所懷的意願是最為重要的,你的意願應該是為給予者和接受者都創造出快樂。

　　當給予是無條件的和真誠的,回報也是成正比的,所以給予過程必須是充滿快樂的 ── 你的精神務必在給予時產生快樂的感覺。這樣在給予背後的能量就會成倍地增加。

　　一個漆黑的夜晚,一位僧人看見巷子深處有個小燈籠在晃動,身旁的人說:「瞎子過來了。」

　　僧人百思不解,問那個盲人:「既然您什麼也看不見,為何要挑一個燈籠呢?」盲人說:「在黑夜裡,全世界的人都看不見,所以我就點了一個燈籠。」

　　僧人若有所悟:「原來您是為別人照明呀!」

盲人卻說：「不，也是為我自己。雖然我是盲人，但我挑了這個燈籠，既為別人照亮了路，也讓別人看到了我，這樣他們就不會在黑暗中撞到我了。」

道理就是這麼簡單：給予的同時，自己也會有所得。只想「借光」而不挑燈，那麼你的人生將永遠在黑暗中穿行。

練習給予法則易如反掌：如果你需要快樂，就給予別人快樂；如果你需要愛，就學會付出愛；如果你需要別人的關注和欣賞，就先學會對別人關注和欣賞；如果你想物質上富有，就先幫助別人富有起來。

這一個原則除了適用於個人之外，同樣適用於集體。如果你想幸福地擁有生命中一切美好的東西，那就學會祝福每個人都如意吧！

哪怕僅僅是有給予的想法、有祝福的想法，哪怕僅僅是簡單地祈禱，都會影響到他人。這是因為每個人的身體都是大千世界裡的一束能量和承載資訊的個體。

有給予的意識也是一種給予，意識是像思想一樣鮮活的能量和資訊，思想具有轉化的力量。生命是意識的永恆之舞，它在宏觀世界和微觀世界之間、人世和宇宙之間、人類思想和宇宙之間不停地交換生機勃勃的智慧能量，並由此表現自己。

當你學著付出時，你同時也在編排一齣優雅生動、活力十足的舞蹈，它構成了永恆的生命律動。

CLASS VI　人際關係

陌生人的溫情

　　人人都希望自己能受到別人的歡迎，但要做到這一點並不是很容易。如果你只是想在別人面前表現自己，使別人對你感興趣的話，你將永遠不會擁有誠摯的朋友。真正的朋友不是以這種方式來交往的。

　　已故奧地利著名心理學家阿德勒（Alfred Adler）在一本叫做《生命對你意味著什麼》（What Life Could Mean to You）的書中寫道：「對別人不感興趣的人，他一生中的困難最多，對別人的傷害也最大。人類所有的失敗都出於這種人。」

　　哲斯頓被公認為「魔術師中的魔術師」，他到世界各地一再地為觀眾創造幻象，使他們吃驚得喘不過氣來。哲斯頓從未受過正規的學校教育，很小的時候，他就離家出走，成為了一名流浪者，搭貨車、睡穀堆、沿街乞討。當他坐在車中向外看鐵道沿線上的標誌時，他認識了字。

　　有人請教哲斯頓先生成功的祕訣，問他的魔術知識是否特別豐厚。哲斯頓說：「魔術類的書已經看過好幾百本，而且許多魔術師跟我懂的一樣多，但我有兩樣東西其他人沒有。」

◇ 我能在舞臺上把自身的情感個性顯現出來

　　哲斯頓是一個表演大師，了解人類天性。他的每一個手勢、每一種語氣、每一個眉毛上揚的動作，都在上臺表演前經過仔細的排練，而他的動作也配合得分秒不差。

◇ 我對別人非常感興趣

許多魔術師會看著觀眾對自己說：「坐在底下的那些人都是一群傻子，一群笨蛋，我可以把他們騙得團團轉。」但哲斯頓完全不同。他每次一走上臺，就對自己說：「我很感動，因為這些人來看我表演，我要把我最高明的手法表演給他們看。」

對觀眾感興趣，這就是一位有史以來最著名的魔術師成功的祕方。

如果你希望別人喜歡你，就要抓住其中的訣竅：了解對方的興趣，並針對他所喜歡的話題與他聊天。

許多曾經拜訪過羅斯福的人都驚訝於他的博學。不論來訪者是小政客還是大外交家，羅斯福都能針對對方的特長侃侃而談。其實這個道理很簡單，當羅斯福知道訪客的特殊興趣後，會研讀這方面的資料以此作為話題。因為羅斯福知道，抓住人心的最佳方法就是談論對方所感興趣的事情。

對一件事感興趣便是關注，帶有感情的關注便是關切。當然了，對他人的關切必須是誠摯的。關切是一條雙向道，它的施與者和接受者都會受益。

有人曾提到，他十歲時，一位護士給予他的關切深深地影響了他的一生：

那天是感恩節，我住在一家市立醫院，明天要動一次大手術。我爸爸已經去世，我和媽媽住在一個小公寓裡，靠社會福利費維持生計。而那天媽媽剛好不能來看我。

那天，我完全被寂寞、失望、恐懼的感覺所壓倒。我知道媽媽正在家裡為我擔心，而且是孤零零的一個人，沒人陪她吃飯，甚至沒錢吃一

CLASS VI　人際關係

頓感恩節晚餐。

眼淚在我的眼眶裡打轉，我把頭埋進枕頭下面，暗自哭泣，全身都因痛苦而顫抖著。

一位年輕的實習護士聽到我的哭聲，就過來看看。她把枕頭從我頭上拿開，拭去我的眼淚。她跟我說她也非常寂寞，因為她今天無法跟家人在一起。她問我願不願意和她共進晚餐。

她拿了兩盤東西進來：有火腿片、薯條、草莓醬和冰淇淋甜點。她跟我聊天，並試著消除我的恐懼。雖然她本應下午四點就下班的，可她一直陪我到將近晚上十一點。她一直跟我玩，聊天，等到我睡了才離開。

一生中，我過了許多感恩節，但這個感恩節永遠不會在我的記憶中消失。我清楚地記得，我當時那種沮喪、恐懼、孤寂的感覺因一個陌生人的溫情而全部消失了。

在與人相處時，你要盡量讓對方明白，他是個重要人物。任何一個人，不管是屠夫、麵包師還是國王，無一例外都喜歡那些欣賞和關心他們的人。

在一九一八年德國十一月革命爆發後，威廉二世為了保全自己的性命而逃往荷蘭，人們對他恨之入骨，不少人想把他碎屍萬段。這時，一個小男孩寫了一封簡單而誠摯的信給他。在信中，小男孩這樣寫道：「不管別人怎樣，我永遠只喜歡威廉當我的皇帝。」威廉二世被這封信深深地打動了，他特邀請小男孩同他的母親一起去見他，並重賞了他。

可見，人真的很需要別人對他感興趣。所以，想讓別人喜歡你，最簡單的方法就是拿對方感興趣的事當話題，讓他感覺到自己的重要性。

學會寬容

　　寬容，是人生中的一種哲學，是高情商者的法寶。適度寬容對於改善人際關係和保持身心健康都是有益的。只有寬容才能使不愉快的創傷癒合，只有寬容才能消除人為的緊張。在短暫的生命歷程中，學會寬容，意味著你的生活將更加快樂。

　　在物換星移中，涓涓細流終匯成大瀑布，峽谷的形成更增添了草原的壯觀與魅力，自然界有著一顆寬容博大的心。但是，感受到這片大地之美的人卻被自身的問題所困擾，在別人身上發現的差異使他感到不悅，甚至恐懼。

　　在學校裡，孩子們都認為艾莉絲是一個嚴厲的老師。在她面前，學生們很拘謹、很膽怯，甚至不願意與她交談。

　　其實，艾莉絲自己也不想造成這樣的局面，她都是出於一片好心。為了讓孩子們好好學習，艾莉絲對他們的要求很嚴格，一旦有人犯錯，她都是毫不留情地斥責，但效果並沒有像她希望的那樣。艾莉絲感覺自己就像一個垂頭喪氣的失敗者，對自己的工作漸漸失去信心，生活也顯得很沉悶。

　　「如果我對他們少一點斥責，多一點寬容呢？」有一天，艾莉絲突然這樣想。於是她決定做一個試驗。上午，她換了一套活潑鮮豔的衣服，來到學校時也沒有忘記把自己臉上的微笑顯現出來。走在通往教室的路上，艾莉絲還在想著這個實驗。

　　突然，一顆皮球從後面重重地打在艾莉絲的後背上，嚇了她一跳，她回過頭來，邁克惶恐地從地上撿起球，嚇傻地站在她面前。

CLASS VI　人際關係

　　如果是以前，艾莉絲肯定會狠狠地訓斥他，但是想到自己今天要做的實驗，艾莉絲聳聳肩，做了一個輕鬆的動作，邁克道了聲「對不起」便跑開了。

　　在課堂上，艾莉絲沒有挑剔學生們的坐姿是否端正，回答問題是否正確，注意力是否集中。一反常態，她甚至沒有罵未按時交作業的搗蛋鬼保羅，只是笑著讓他之後補交，一整天她都在用樂觀寬容的心態與大家相處。

　　放學時，一向羞澀的瓊斯對她說：「老師，您今天真漂亮！」艾莉絲感到，她從來沒有像今天這樣愉快和有信心，學生們似乎也可愛極了，他們在回答問題時反應敏捷，注意力集中。

　　毫無疑問，艾莉絲的試驗是成功的，她從中知道了生活中的一個道理：學會寬容。

　　寬容可以減少人與人之間的隔閡，可以讓人們更好地溝通，彼此多一些體貼和關懷。同時，寬容也可以解決許多棘手的問題，讓生活中的許多難題迎刃而解。

　　寬容是一種博大，它能包容人世間的喜怒哀樂；寬容是一種境界，它能使人踏上光明磊落的坦途；寬容是人生難得的佳境——一種需要操練、需要修行才能達到的境界。法國文學大師維克多·雨果曾說過一句話：「世界上最寬闊的是海洋，比海洋寬闊的是天空，比天空更寬闊的是人的胸懷。」

　　原諒是一種風格，寬容是一種風度，寬恕是一種風範。穿梭於茫茫人海中，面對一個小小的過失，常常一個淡淡的微笑、一句輕輕的話語就能彼此諒解，這就是寬容。在人的一生中，常常因一件小事、一句不經意的話而使自己不被理解或不被信任，但不要苛求任何人，以律人之

心律己，以恕己之心恕人，這也是寬容。

　　人們常常在自己腦子裡預畫一個圈，如果有人越過這個圈，就會引起他們的怨恨。其實，別人可能對你設定的規定置之不理，你去怨恨，不是很可笑嗎？大多數人一直以為，只要不原諒對方，就可以讓對方得到一些教訓，即「只要我不原諒你，你就沒有好日子過。」其實，真正倒楣的人是自己：生一肚子氣不說，甚至連覺也睡不好。

　　當你覺得怨恨的時候，不妨閉上眼睛，體會一下你的感覺，你就會發現，讓別人自覺有罪，你也不會快樂。

　　一個人愛怎麼做就怎麼做，你要不要讓他感到愧疚，對他沒有太大的影響，卻會破壞你的生活。生活中不會事事由人，颱風帶來暴雨，你家的地下室變成一片汪洋，你能說「我永遠也不原諒天氣」嗎？既然如此，又為什麼要怨恨別人呢？我們沒有權力控制風雨，也同樣無權控制他人。上天不是靠怪罪人類來運作世界的，所有對別人的埋怨、責備都是人自己造成的。

　　處處寬容別人絕不是軟弱，也不是面對現實的無可奈何，寬容不是軟弱的象徵。寬恕將帶給人重獲新生的勇氣，讓他去直面人生中的另一個幸福時刻。

◇ 寬容，意味著你不會再為他人的錯誤而懲罰自己

　　大量事實證明，過於苛求別人或自己的人，必定處於緊張的心理狀態之中。而一旦寬恕別人之後，心理上便會經過一次巨大的轉變和淨化過程，使人際關係出現新的轉機，諸多憂愁煩悶便可得以避免或消除。

　　寬容對待你的敵人、仇家、對手，在非原則的問題上以大局為重，

CLASS VI　人際關係

你會得到退一步海闊天空的喜悅、化干戈為玉帛的喜悅、人與人之間相互理解的喜悅。

在這個世界上，每個人都走著屬於自己的生命之路，但紛紛攘攘，難免有碰撞和衝突，如果冤冤相報，非但撫平不了心中的創傷，反而是在受傷的心再撒上一把鹽。

◇ 寬容，意味著你不會再患得患失

寬容，首先包括對自己的寬容。只有對自己寬容的人，才可能對別人也寬容。人的所有煩惱有一半是源於自己的，即所謂畫地為牢、作繭自縛。寬容地對待自己，就是心平氣和地工作、生活。這種心境是生存的良好狀態。

真正的寬容應該是能容人之短，又能容人之長。對才能超過自己者，也不嫉妒，唯求「青出於藍而勝於藍」，這種精神將被世人稱道。

寬容的過程也是互補的過程。別人有了過失，若能予以正視，並以適當的方法給予建議和幫助，便可避免大錯；自己有了過失，亦不必灰心喪氣、一蹶不振，同樣也應該寬容和接納自己，並努力從中吸取教訓，引以為戒，取人之長，補己之短，重新揚起工作和生活的風帆。

◇ 寬容，意味著你有良好的心理外殼

寬容，對人對己，都可以成為一種無須投資便能獲得的精神補品。學會寬容不僅有益於身心健康，而且對贏得友誼，保持家庭和睦、婚姻美滿，乃至取得事業的成功都是必要的。

人人都要有一顆寬容的心。寬容往往反射出你為人處世的經驗、待人的藝術，以及做人的涵養。學會寬容，需要自己吸收多方面的營養，需要自己時常把視線集中在完善自身的精神結構和心理素質上。

CLASS VI　人際關係

謙虛一些

　　衝突一般是由負面情緒引起的，它會在人的內心深處留下難以磨滅的印跡，甚至還會成為人際交往的障礙。對話是拒絕衝突和改善關係的關鍵。對話就是進行語言交流，它具有這樣一個框架：了解自己的觀點 —— 探究他人的觀點 —— 平衡雙方的觀點 —— 建立良好的溝通。

　　對話能發展人際關係，避免雙方衝突的發生，並能使兩者的情緒產生相互影響，從而達成共同的目標而與人展開合作。人們透過對話尋求理解，發現內心潛伏的擔憂和恐懼 —— 對開誠布公的恐懼、對誠實的恐懼、對說出心理話的恐懼，以及對發現他人真實意願是什麼的恐懼。

　　從這個意義上講，對話是一種有效的工具，它能運用情感智力使負面情緒無法變成有效交流的障礙。

◇ 運用對話的第一步是公開你的感覺和需要

　　那些能夠很好地運用自己的情感智力的人，經常會對他人開誠布公，公開自己的感覺和需要。只有這樣，各自的觀點才能進行交換，雙方的解決方案才能公開地進行討論，衝突才能得以解決，因為他們對存在的差異性擁有足夠的認知。

◇ 運用對話的第二步是退後一步，先向對方認錯

　　在亞洲的一些偏遠地區，為了抓猴子，獵人通常會在叢林的地面上綁一個小柳條籠子。籠子的口很小，僅僅允許猴子空著手伸進去並抽出來。

獵人在籠子裡放上一兩根香蕉,當猴子看見時,就會把手伸進去拿香蕉,但是當牠手上拿著香蕉時,手就抽不出來了。於是,猴子就很容易被獵人捕獲。

其實,人和猴子沒有什麼不同——人們緊緊地抓住其「情緒香蕉」不肯鬆手,感覺失去它們就會有威脅。

人類常見的「情緒香蕉」包括:對身分地位的渴望、需要得到他人的愛和尊重、控制欲的需要、對認可和讚美的渴望,以及對不舒適的逃避等。

你所攫取的「情緒香蕉」越少,被情緒所劫持的可能性就越小。當你告訴自己,你必須擁有某種東西時,就失去了對它的情緒控制力;當你告訴自己,是的,別人給你這些,你願意收下,但是你並非必須擁有它,這樣你就重新獲得了對「情緒香蕉」的控制力。解決衝突就這麼簡單。退後一步,先向對方認錯,就會緩解交往中的緊張氣氛,協調雙方的情感,因而就有了成功的溝通。在此,情商的作用是不言而喻的。

當富蘭克林・羅斯福入駐白宮的時候,他向大眾承認,如果他的決策能夠達到75%的正確率,那就達到他預期的最高標準了。像羅斯福這麼一位傑出人物的最高希望尚且如此,可見普通人在平時犯下的錯會有多少。

卡內基因此說:「你如果先承認自己也許弄錯了,別人才可能和你一樣寬容大度,認為他有錯。」這就像拳頭出擊一樣,只有將拳頭縮回來再打出去才有力度。

美國科學家班傑明・富蘭克林(Benjamin Franklin)的一個顯著優點就是懂得從心理上退一步,改掉自己傲慢的個性。

富蘭克林曾立下一條規矩,絕不正面反對別人的意見,也不准自己

CLASS VI　人際關係

太武斷。他甚至不准許自己措辭太肯定。富蘭克林不說「當然」、「無」等，而改用「我想」、「我假設」、「我想像」或者「目前我看來如此」等。

當別人發表對一件事的看法時，富蘭克林絕不立刻駁斥對方，或立即指出對方的錯誤。他會說：「在某些條件和情況下，這種意見沒有錯，但就目前的狀況來說，好像稍有兩樣。」

富蘭克林很快就體會到改變態度的收穫：凡是他參與的談話，氣氛都很融洽。他以謙虛的態度來表達自己的意見，不但容易被接受，而且減少了衝突。他發現自己有錯時，不會出現難堪的場面；他的見解是正確的時候，對方也不會固執己見，而會轉而贊同他。

剛開始時，富蘭克林並不習慣這套規矩，覺得這和他的本性相衝突，但不久就變得容易起來，並感覺愈來愈像自己的習慣了。幾十年來，從沒有人聽他講過一句太武斷的話。

在新法案修訂等重大問題上，富蘭克林也沒有堅持己見，他總是退後一步，謙虛地聽取大家的意見，最終他的意見反而得到廣泛的支持。

退一步是為了前進，富蘭克林無疑是一位情感智力高手。

承認自己也許弄錯了，這樣就避免了所有的爭執，對方見你退了一步，不想跟你過不去，也會以禮相待，寬宏大度，並承認也有可能是他自己弄錯了。雙方在一種和諧謙讓的氣氛中解決問題，便可大大提高達成協議的可能性。

記住名字

　　一個最簡單、最好用、最重要的得到別人好感的方法，就是記住別人的姓名，使別人覺得受到尊重。人最重視、最愛聽，同時也是最希望他人尊重的就是自己的姓名。

　　記住別人的名字很重要，記住對方的名字，並把它叫出來，等於給對方一個很巧妙的讚美。若是把他的名字忘了，或寫錯了，在交際中會對你非常不利。

　　安德魯·卡內基（Andrew Carnegie）被稱為「鋼鐵大王」，但在創業之初，他對鋼鐵製造業知之甚少，手下好幾百人都比他了解鋼鐵。當時，卡內基可能記不住各類鋼材的型號，但他能記住不少下屬的名字。

　　卡內基在十歲的時候，就發現人們對自己的姓名看得十分重要。利用這一發現，他很輕鬆地贏得了小朋友們的合作。

　　有一次，卡內基抓到一隻懷孕的母兔。很快，那隻母兔就生下一窩小兔子，但他沒有東西餵牠們。就在這時，他想到一個很妙的辦法，他對整天圍著小兔子打轉的小朋友們說，如果誰能弄來金花菜、車前草餵養那些小兔子，他就以誰的名字來稱呼這些小兔子作為報答。這個方法太靈驗了，卡內基一生都無法忘記。

　　幾年之後，卡內基將此種方法運用於商界，同樣獲得極大成功。那一年，卡內基很希望把鋼鐵軌道賣給賓夕法尼亞鐵路公司，而艾格·湯姆森正是該公司的董事長。為此，卡內基特意在匹茲堡建立一座巨大的鋼鐵工廠，取名為「艾格·湯姆森鋼鐵工廠」。毫無疑問，卡內基順利將那座鋼鐵工廠賣給了賓夕法尼亞鐵路公司。

CLASS VI　人際關係

　　重視及記住朋友和商業人士名字的方法，是卡內基領導才能的祕密之一，他以能夠叫出自己員工的名字為驕傲。他很得意地說，當他擔任主管後，他的鋼鐵廠從未發生過罷工事件。

　　記住他人的姓名，在政治上的重要性幾乎跟在商界一樣。一位政治家所要學習的第一課便是記住選民的名字，記不住就是心不在焉。

　　在美國總統的專業幕僚群中，有一位幕僚的工作內容就是專門替總統記住每一個人的名字，然後每當總統在遇見某人之前，這位專責幕僚就會先一步提醒總統此人的名字。而那位被總統叫出名字的人，也會因總統竟然會記得他而雀躍不已，進而更堅定他對總統的支持。

　　記住每個人的名字，是尊重一個人的開始，也是打造自己個人魅力的第一步。吉姆‧佛雷十歲那年，父親意外喪生，留下母親、他及兩個弟弟。由於家境貧寒，吉姆不得不很早就輟學，到磚廠打工賺錢貼補家用。雖然學歷有限，但吉姆卻憑著愛爾蘭人特有的熱情和坦率處處受人歡迎，進而轉入政壇。最叫人佩服的是他還有一種非凡的記人名字的本領，任何一個跟他交往過的人，他都能牢牢地記著對方的全名，而且一字不差。

　　吉姆連高中都沒有讀過，但在他四十六歲那年就已擁有了四所大學頒給他的榮譽學位，並且高居民主黨要職，最後還榮膺郵政局長之職。

　　有一次，記者問到他成功的祕訣。他說：「辛勤工作，就這麼簡單。」記者有些疑惑，說：「您別開玩笑了！」

　　他反問道：「那你認為我成功的原因是什麼？」記者說：「聽說您可以一字不差地叫出一萬個朋友的姓名。」

　　「不，你錯了！」他立即回答道：「我能叫得出姓名的，少說有五萬人。」這就是吉姆‧佛雷的過人之處。每當他剛認識一個人時，他一定會

記住名字

弄清對方的全名、家庭狀況、工作，以及政治立場，然後據此建立一個大致的印象。當他下一次再見到這個人時，不管隔了多少年，他一定能迎上前去在那個人肩上拍拍，噓寒問暖一番，問問他的老婆、孩子，或是問問他最近的工作情況。有了這份能耐，也難怪別人會覺得他平易近人、和善可親。

羅斯福競選總統時，吉姆不辭辛勞地搭乘火車，穿梭往來於中西部各州，親切地與當地民眾寒暄交談，為羅斯福總統助選。每到一個地方，他都會立刻深入民眾，與他們集會，一同用餐，並宣傳羅斯福總統的政見，與群眾進行親切、真誠的溝通。

返回東部之後，吉姆會立即寫信給每一個城鎮的友人，要他們列出所有與會人士的姓名、住址，整合一本多達數萬人的名冊，最後不辭辛勞地一一寫信給名冊上的每一個人。並在信件一開始，就親切地直呼對方的名字，如「親愛的比爾」、「親愛的約瑟」等，信末更不忘寫下自己的名字「吉姆」。

吉姆很早就發現，當一大堆人名出現在一個人眼前時，對方最感興趣、最開心的，仍是看到自己的名字。因此，牢記別人的名字，並正確無誤地叫出來，對任何人來說，都是一種尊重、友善的表現。萬一你不慎忘記而叫錯了別人的名字，很可能會招來一些不愉快。

每一個名字裡都包含著奇蹟，名字完全屬於與我們交往的這個人，沒有人能夠取代。名字能使人出眾，能使人在眾人中顯得獨立。

只要我們從人的名字著手，我們所做的和我們要傳遞的訊息就會顯得特別重要。不管是侍者或總經理，在我們與其交往時，名字均會顯示它神奇的作用。因此，如果你要別人喜歡你，請記住這條規則：「對一個人來說，他的名字是任何語言中最甜蜜、最重要的聲音。」

CLASS VI　人際關係

　　人們除了對自己的名字格外尊重之外，還有一種傾向，那就是渴望自己能名垂千古、流芳百世。有的人捐書、捐古物給圖書館、博物館，為的就是在撰寫館史時，能記上他們一筆，使他們的大名與館長存。教會為了鼓勵信徒捐款，也會將捐款者的大名鑲在玻璃窗上，供人們瞻仰。人之愛名、好名，於此可見一斑。可以說，世界各地的圖書館和博物館中最有價值的收藏品大都來自那些擔心他們的名字會從歷史上消失的人。紐約公共圖書館、大都會博物館都保存了許多人的名字。幾乎每一座教堂都裝上了彩色玻璃窗，以紀念捐贈者的名字。

　　多數人記不住他人的全名，理由不外乎工作太忙、無暇記這些瑣事。我們被介紹與其他人認識時，往往隨口寒暄幾句，而事實上可能連再見都還沒說，我們就忘了對方姓什麼叫什麼。所以有時候要記住一個人的全名很難，尤其當它不太好念時，一般人都不願意去記它，心想：算了，就叫他的別名。

　　其實，記住別人的名字也是有一些技巧的。拿破崙三世曾得意地說，即使他日理萬機，仍然能夠記住他所認識的每一個人的名字。

　　他的技巧非常簡單。如果他沒有聽清楚對方的名字，就說：「抱歉，我沒有聽清楚您的名字。」如果碰到一個不尋常的名字，他就說：「怎麼寫呢？」在談話當中，他會把那個人的名字重複說幾次，然後試著在心中把它跟那個人的特徵，比如表情和容貌等聯繫在一起。

　　如果對方是個重要人物，拿破崙三世就會更進一步。一等到他旁邊沒有人，他就把那個人的名字寫在一張紙上，仔細看，聚精會神地將它記在心裡，然後把那張紙撕掉。這樣一來，他對那個名字的印象就更深刻了。

批判的藝術

　　林肯年輕的時候曾熱衷於批判人，經常撰文嘲弄他人，並且到處散布，這經常引起當事者極度的憎惡。有一次因做得過火，而引發了一件令他大徹大悟的事情。

　　西元一八四二年，林肯撰文批判一位政客，由於言辭過於激烈，此人不甘受辱，要求與林肯決鬥，林肯騎虎難下，只好勉強答應，以維護榮譽。幸好雙方友人從中勸阻，一場生死之爭才在最後關頭化解平息。

　　經過那次教訓之後，林肯終於悟出了為人處世之道，從此再也不嘲弄他人，並一生奉為圭臬。

　　嚴苛的批判是無益的，它只會迫使被批判者採取防衛的行動，使他刻意為自己的行為尋找合理的解釋。批判就像危險的火花，足可引爆人們心中的虛榮與自尊，甚至產生更嚴重的後果。

　　我們都知道，並不是所有的批判都可以達到批判的目的，只有被對方從內心接受的批判才能生效。這就意味著，雖然批判是有道理的，但並不等於就一定能被對方接受，因為批判和被批判通常不是在心平氣和的狀態下進行的。其實，人的心理都一樣，那就是被自己的上司或周圍人尊重的心理非常強烈，沒有比受人輕視更不愉快的事情了。

　　英國行為學家波特指出：「受到太多批判時，下級往往只記住開頭，其餘的就聽不進去了，因為他們忙於思索論據來反駁開頭的批判。」

　　所以，一個高情商的人十分懂得批判的藝術。下面是我總結的一些批判的技巧：

CLASS VI　人際關係

◇ 公開表揚，私下批判

沃恩每年都會受邀參加某公司的雜誌評審工作，這個工作雖然報酬不多，卻是一項榮譽，很多人想參加卻找不到門路，也有人只參加一兩次，就再也沒有機會了。沃恩年年有此「殊榮」，讓大家羨慕不已。

有人問沃恩其中的奧祕，他微笑著向人們揭開謎底。他說，他的專業眼光並不是關鍵，他的職位也不是重點，他之所以能年年被邀請，是因為他很會給別人「面子」。

他說，在公開的評審會議上他一定會掌握一個原則：多稱讚，少批判。但會議結束之後，他會找來雜誌的編輯人員，私下告訴他們編輯上的缺點。

因此，雖然雜誌名次有先後，但所有人都保住了面子。正是因為他能顧慮到所有人的面子，承辦該項業務的工作人員和各雜誌的編輯人員都很尊敬他、喜歡他，當然也就每年找他當評審了。

給人面子並不難，讚揚和批判要有一定的分寸和分場合，既堅持原則，也要靈活處理，既堅持真理，也不能得理不饒人，要給人面子。只有這樣，自己才能夠有面子。

◇ 對於小事，不必苛責

著名教育家戴爾‧卡內基（Dale Carnegie）經歷過這樣一件事，在一次宴會上，某位客人引用了「謀事在人，成事在天」的格言，並說此話出自《聖經》。卡內基為了表現自己的淵博學識，便指出那位客人錯了，此話出自莎士比亞的戲劇。那位客人聽了惱羞成怒，與卡內基爭辯起來。

當時卡內基的老朋友葛孟也在座，而且葛孟是研究莎士比亞的專

家。卡內基便向葛孟求證，葛孟卻在桌子底下踢了他一腳，說：「你錯了，這位客人是對的，這句話出自《聖經》。」

後來，在回家的路上，卡內基很不服氣地說：「那句格言明明就是出自莎士比亞的戲劇。」葛孟回答：「當然，是出自莎士比亞《哈姆雷特》第五幕第二場，可是為什麼非要去證明他錯了呢？我們大家都是宴會上的客人，為什麼不留點面子給他呢？」

卡內基由這件事得到了深刻啟發：一些無關緊要的小錯誤，不必計較，不必去苛求責備他人。

◇ 責備之前先讚美

心理學研究顯示，接受批判最主要的心理障礙是擔心批判會傷害自己的面子，損害自己的利益。為此，在批判他人前一定要幫助被批判者打消這個顧慮。打消顧慮的比較好的方法就是先表揚、後批判，亦即在肯定一個人的成績的基礎上對他進行適當的批判。

美國第三十任總統柯立芝（John Calvin Coolidge, Jr.）剛上任時，聘請一個女祕書協助他。這個女祕書年輕又漂亮，但是工作上卻屢屢出問題，不是字打錯了，就是時間記錯了，造成柯立芝很大的困擾。

有一天，女祕書一進辦公室，柯立芝就誇獎她的衣服很好看，讚嘆她的美麗，女祕書受寵若驚，但是柯立芝接著說：「相信你的工作也可以像你的人一樣，能做得很漂亮。」

果然，從那天起，女祕書的公文再也沒有出過錯。身旁的工作人員好奇地問總統：「您這個方法很巧妙，是怎麼想出來的？」

柯立芝淡淡一笑：「這很簡單，你看理髮師幫客人刮鬍子之前，都會

CLASS VI 人際關係

先塗上香皂水,塗香皂水的目的就是使人刮起來不會感覺痛,我不過就是用這個方法罷了!」

讚美之後的責備遠較責備之後的讚美來得有效。如果你想讓對方改正缺點和錯誤,不妨先讚美一番對方,趁對方高興之際,再指出他的缺點和錯誤,這樣會讓人更容易接受你的責備。

既然塗上一些香皂水刮鬍子不會痛,為何在批判之前不先塗上一些「香皂水」呢?

幽默是潤滑劑

　　幽默輕鬆，表達人征服憂愁的能力。布笑施歡，令人如沐春風，神清氣爽，困頓全消。在人的精神世界裡，幽默感著實是一種豐富的養料，是人際交往最好的潤滑劑。幽默對自我控制、自我調整以及提高團隊的情緒有著極大的幫助。美國一所大學的研究已經證明，在你幽默的時候，你的自我感覺會變得更好。

　　在非洲的一次首腦會議上，曼德拉出席並領取「卡馬勳章」。在接受勳章的時候，曼德拉發表精采的演講。在開場白中，他幽默地說：「這個講臺是為總統們設立的，我這位退休老人今天上臺講話，搶了總統的鏡頭，我們的總統姆貝基一定不高興。」話音剛落，笑聲四起。

　　在笑聲過後，曼德拉開始正式發言。講到一半，他把講稿的頁次弄亂了，不得不翻過來看。

　　這本來是一件有些尷尬的事情，但他卻一邊翻一邊脫口而出：「我把講稿的次序弄亂了，你們要原諒一個老人。不過，我知道在座的一位總統，在一次發言中也把講稿頁次弄亂了，他卻不知道，照樣往下念。」這時，整個會場哄堂大笑。

　　結束講話前，他又說：「感謝你們把卡馬勳章授予我，我現在退休在家，如果哪一天沒有錢花了，我就把這個勳章拿到大街上去賣。我肯定在座的某一個人會出高價收購，他就是我們的總統姆貝基。」

　　這時，姆貝基情不自禁地笑出聲來，連連拍手鼓掌。會場裡掌聲一片。

　　這就是幽默的魅力，它拉近了演講者和傾聽者之間的心理距離，打消一位偉人的神祕感，顯示出曼德拉高超的智慧和人際溝通能力。

CLASS VI　人際關係

　　世間沒有青春的甘泉，也沒有不老的祕訣。八十歲高齡時的曼德拉之所以能夠保持身體健康、精神矍鑠，在離開總統職位後依然能以和平大使的身分活躍在國際舞臺上，是因為他在豐富的人生閱歷中提煉出大智慧，在苦難的折磨中咀嚼出大幽默。

　　八十歲時的曼德拉有著八歲孩子的童心。在會見拳王路易斯（Lennox Claudius Lewis）的時候，他表示自己年輕時也是拳擊愛好者。於是，路易斯故意指著自己的下巴讓他打，他笑著做出拳擊的姿勢。

　　於是旁邊的人問他：「假如您年輕時與路易斯在場上交鋒，您能取勝嗎？」他說：「我可不想年紀輕輕就去送死。」

　　正是在這一串串毫不做作的幽默之中，曼德拉展現出他耀眼的人格魅力。二十七年的牢獄之苦，風刀霜劍的嚴酷相逼，曼德拉都用幽默來應對。

　　一九七五年，身在獄中的曼德拉首次被允許與女兒津齊見面。曼德拉入獄的時候，女兒只有三歲，會見時女兒已經是十五歲的少女了。

　　曼德拉特意穿上一件漂亮的新襯衣，他不想讓女兒感到自己是一個衰弱的老人。他知道，對於女兒來說，自己是一個她並不真正了解的父親。他知道，女兒一定會感到手足無措。

　　當女兒走進探視室的時候，他的第一句話是：「你看到我的衛兵了嗎？」然後指了指寸步不離的看守。女兒笑了，氣氛頓時輕鬆起來。

　　曼德拉告訴女兒，他經常回憶起以前的情景，他甚至提起，有一個星期天，他讓女兒坐在他腿上，講故事給她聽。

　　透過探視室的玻璃窗戶，曼德拉發現女兒眼中噙著淚花。津齊後來描述了這次見面，特意強調了曼德拉性格中風趣幽默的一面：「正是父親的這種幽默，讓我這個以前並不了解他的女兒，和他一下子貼近了許多。」

幽默是人際交往的潤滑劑，是一個人高情商的表現，它可以使人笑著面對矛盾，輕鬆釋放尷尬。幽默是一種機智地處理複雜問題的應變能力，它往往比單純的說教、訓斥或嘲弄使人開竅得多。

善於發現幽默的機會是一個人心胸豁達的表現。當人們寬容的時候，就會忽略其中的惡意和偏執，讓自己輕鬆，同時也給別人寬容。真正的優越感不是來自爭執時占了上風，而是來自對別人的寬容。有了這種輕鬆的豁達，幽默感自會產生。

幽默是一種健康向上的特質，幽默對你心理上的影響很大，它會使生活充滿情趣。哪裡有幽默，哪裡就有活躍的氣氛。誰都喜歡與談吐不俗、機智風趣者交往，不喜歡跟鬱鬱寡歡、孤僻的人接近。

幽默能緩解矛盾，使人們融洽相處。生活中，人與人之間常會發生一些摩擦，有時甚至劍拔弩張，弄得不可收拾。而一個得體的幽默，往往能使雙方擺脫尷尬的境地。

幽默是人類獨有的特質。一個幽默的人能夠為朋友帶來很多歡樂，並且在人際交往中增加個人魅力，因而備受歡迎。有些人天生充滿了幽默細胞，但並不是說沒有這種稟賦的人就只能一輩子刻板嚴肅。幽默感是可以透過訓練慢慢培養的。

那麼，透過怎樣的訓練才能培養出自己的幽默感呢？

◇ 累積幽默的素材

如果你不是個能即興幽默的人，不如大量看漫畫和笑話，從中體會幽默的感覺，久而久之，便可自己製造幽默，至少也可運用看來的笑話了。

CLASS VI　人際關係

◇ 仔細體會別人的幽默感，然後模仿一番

保持愉快的心情，敞開你的心胸，這是幽默感的「土壤」。這就好比讓陽光灑進屋子一樣，去接受各種人和事物，這些人和事物會在你的心中留下痕跡，成為幽默感的酵母。

◇ 與自己幽默

幽默大部分都和人有關係，你可以和他人幽默，也可以和自己幽默，但前者不好掌握，因此不如與自己幽默，一方面不得罪人，另一方面也可以讓人了解你是個心胸廣大、易於相處的人。

幽默可以使人放鬆心情，以愉快開朗之心去應對複雜的人生。但是，講幽默笑話時，也必須注意時機、場合和聽眾，並不是所有的幽默笑話都適合在各種場合講給所有人聽。發揮你的幽默感時，必須看場合和對象，最好避免粗俗的幽默，否則就不是幽默，而是鬧笑話了。

幽默與刻薄常常因聽者的心情與立場不同而產生不同反應。幽默可以使人歡笑，但若使用不當，也會使人不悅。

因此，一個「幽默高手」在講笑話時，應顧及聽者的心情與尊嚴，避免過度的譏笑與嘲弄，否則自以為幽默的笑話，一不小心擦槍走火，反而會冒犯他人，得不償失。所以，西方哲人說：「幽默是用來逗人發笑，而不是用來刺傷人心的。」

微笑是通行證

　　一位顧客從食品店買了一袋食品，打開一看，都發霉了。他怒氣沖沖地找到店員：「你們店裡賣的什麼東西，都發霉了！你們這不是拿顧客的健康開玩笑嗎？！」幾位顧客聞聲而來。店員面帶笑容，連聲說：「對不起，對不起。沒有想到食品會壞，這是我工作失誤，非常感謝您指出來，您是退錢還是換一袋呢？」面對誠懇的微笑，那位顧客還能說些什麼呢？

　　微笑的人給人的印象是熱情、富於同情心和善解人意，真誠的微笑如春風化雨。微笑是一種武器，是一種尋求和解的武器。微笑是情商的美麗外衣，你的笑容就是你如意的信差，能照亮所有看到它的人。

　　一對鬧彆扭的情侶在公園見面了。男生沉默了半天，終於開口說：「你……能原諒我嗎？」言語懇切，表情緊張。女生看著他，羞怯地笑了。男生也笑了，笑得很開心。微笑，在難以用語言表達心境的情況下，發揮了不小的威力。

　　微笑可以幫助我們扭轉氣氛，微笑是友好的象徵，可使人與人之間的交往更融洽。在難以用語言表達心境的情況下，微笑是最好的交流工具。微笑可以化干戈為玉帛，協調人與人之間的關係，更可以創造出快樂的氣氛。

　　一些不懂得利用微笑價值的人，實在是不幸。要知道，微笑在交往中能發揮極大的效果，無論在家裡還是在辦公室中，甚至在途中遇見朋友，只要你不吝微笑，立刻就會表現出你優秀的一面。對於一個高情商者來說，微笑是不可缺少的。

CLASS VI　人際關係

　　所有人都希望別人用微笑去迎接他，而不是冷眼對待，冷漠阻礙了心靈的溝通和思想的交流。所以，許多公司在應徵員工時，以面帶微笑為第一條件，他們希望自己的職員臉上掛著笑容，把自己和公司推銷出去。

　　一位叫珍妮的小姐參加聯合航空公司的應徵，她沒有熟人關係，也沒有名牌大學的學歷，更沒有先去打招呼，完全是憑著自己的本領去爭取，結果她被錄取了。你知道最主要的原因是什麼嗎？是珍妮小姐臉上總帶著的微笑。

　　令珍妮驚訝的是，面試的時候，主試者在講話時總是把身體轉過去背對著她，千萬不要誤會這位主試者不懂禮貌，他是在體會珍妮的微笑，感覺珍妮的微笑。因為珍妮的工作是透過電話操作的，是有關預約、取消、更換或確定飛機航行班次的事情。

　　那位主試者微笑著對珍妮說：「小姐，你被錄取了，你最大的資本是你臉上的微笑，你要在將來的工作中充分運用它，讓每一位顧客都能從電話中體會出你的微笑。」雖然可能沒有太多人會看見珍妮的微笑，但他們透過電話可以感受到珍妮的微笑一直伴隨著他們。

　　一個真心的微笑，不管是從眼睛看到的還是從聲音裡聽到的，都是一個很好的開端。行為的表現往往比語言更具說服力。一臉微笑的人，不假言辭，即可告訴你：「我喜歡你，你使我很快樂，我很高興能見到你。」從某種意義上講，微笑是無價之寶，它不僅能讓你擁有好人緣，更能帶來獲得財富的機會。

　　查爾斯・希瓦柏（Charles Robert Schwab）說他的微笑至少值百萬美金。因為除了他那高尚、傑出的人格與才華之外，他那富有魅力的微笑亦是促使他事業成功的主要原因。

微笑可以改變他人的情緒與反應，每天早晨站在鏡子前面練習微笑，在短時間內你的性格就會有所改變。你會發現，你漸漸地能傳達你的情緒，並影響他人，與他人建立友好的關係。心理學家分析後認為，如果你對他人微笑，對方也會回報你友好的笑臉，但在這回應式的微笑背後，有一層更深的意義，那便是對方想用微笑告訴你，你讓他體會到了幸福。

微笑可以產生放鬆的生理狀態，而放鬆的生理狀態與緊張的情緒狀態是不相容的。因此，出門前對著鏡子笑一下，你就會獲得好心情和動力，愉快的情緒會隨之而來。

美國著名心理學家、哲學家威廉·詹姆斯曾說過：「動作與感情是並行的，動作可以由意志直接控制，可是感情卻不行，必須先調整動作，才能夠間接地調整感情。我們是因為跑而害怕，笑而愉快的……」微笑這個動作可以喚起友好的情感。

讚美別人時，微笑會使你的讚美之詞更加有分量；懇求別人時，微笑會使對方無法拒絕你；接受別人的幫助時，微笑會幫你表達加倍的謝意；當你無意傷害了別人時，微笑會替你傳達善意，減輕對方的痛苦……在人際交往中，微笑對於傳遞具有影響力的情緒起了不容忽視的作用，而且能提高你的人際情商。

佛蘭克·爾文·弗萊奇在他為歐本·海默和卡林公司製作的一則廣告中，毫不吝嗇地對微笑予以了讚美：

它不花什麼，但創造了很多成果。

它豐富了那些接受的人，而又不會使那些給予的人貧瘠。它產生在一剎那之間，但有時給人一種永遠的記憶。

沒有人富裕得不需要它，也沒有人窮困得不會因為它而富裕起來。

CLASS VI　人際關係

　　它在家中創造了快樂，在商界建立了好感，而且是朋友間的口令。

　　它是疲倦者的休息、沮喪者的白天、悲傷者的陽光，又是大自然的最佳良藥。但它卻無處可買、無處可求、無處可借、無處可偷，因為在你把它給予別人之前，它沒有什麼實用的價值。

　　而假如在聖誕節最後一分鐘的匆忙購物中，店員累得無法給你一個微笑時，就請你留下一個微笑。

　　因為不能給予微笑的人，最需要微笑了！

　　因此，如果你要別人喜歡你的話，請遵守這一條規則：微笑。

　　具有感染力的微笑是發自內心的、真誠的，那麼怎樣才能產生具有感染力的笑容呢？

　　每天清晨洗臉的時候，順便對著鏡子練習。多想一些愉快的事物，或令你有成就感的事物，並學會把這種感情表現在臉上。然後帶著愉悅的心情，收緊下巴，深深地呼吸，抬頭向前，走出家門。碰到朋友時，以笑臉相迎，握手時要用力，不必擔心會遭到誤解和嘲笑。在內心不斷重複快樂的信念，這樣周圍的人或事便會如你期待的那樣順心合意。

Test 5：你的包容力如何？

　　仔細閱讀下列 24 個問題，你是贊成還是反對？選擇最適合你的選項。

1. 半夜被鄰家嬰兒的哭聲吵醒，感到憤怒異常。

    A・反對　　B・不太反對　　C・有點贊成　　D・大致贊成
    E・贊成　　F・非常贊成　　G・絕對贊成

2. 覺得傾聽和自己意見相左的見解很困難。

    A・反對　　B・不太反對　　C・有點贊成　　D・大致贊成
    E・贊成　　F・非常贊成　　G・絕對贊成

3. 客機機長應該限於男性。

    A・反對　　B・不太反對　　C・有點贊成　　D・大致贊成
    E・贊成　　F・非常贊成　　G・絕對贊成

4. 公司的人事科長不應用有前科者。

    A・反對　　B・不太反對　　C・有點贊成　　D・大致贊成
    E・贊成　　F・非常贊成　　G・絕對贊成

5. 劇場經理不應讓穿牛仔褲的觀眾進會場參加首映禮。

    A・反對　　B・不太反對　　C・有點贊成　　D・大致贊成
    E・贊成　　F・非常贊成　　G・絕對贊成

CLASS VI　人際關係

6. 為了讓不聽話的小孩學習服從，一定要常處罰他。

　　A‧反對　　B‧不太反對　　C‧有點贊成　　D‧大致贊成
　　E‧贊成　　F‧非常贊成　　G‧絕對贊成

7. 應該強制嬉皮士和滑稽演員服兩年兵役。

　　A‧反對　　B‧不太反對　　C‧有點贊成　　D‧大致贊成
　　E‧贊成　　F‧非常贊成　　G‧絕對贊成

8. 基於擾亂和平的理由，應該禁止激進政治家的活動。

　　A‧反對　　B‧不太反對　　C‧有點贊成　　D‧大致贊成
　　E‧贊成　　F‧非常贊成　　G‧絕對贊成

9. 只有勤奮的工作者才有高收入。

　　A‧反對　　B‧不太反對　　C‧有點贊成　　D‧大致贊成
　　E‧贊成　　F‧非常贊成　　G‧絕對贊成

10. 技術革新會無法無天，不值得高興。

　　A‧反對　　B‧不太反對　　C‧有點贊成　　D‧大致贊成
　　E‧贊成　　F‧非常贊成　　G‧絕對贊成

11. 可能的話，盡量避免和自己意見不同的人談話。

　　A‧反對　　B‧不太反對　　C‧有點贊成　　D‧大致贊成
　　E‧贊成　　F‧非常贊成　　G‧絕對贊成

12. 不承認女子足球隊。

　　A‧反對　　B‧不太反對　　C‧有點贊成　　D‧大致贊成

E．贊成　　F．非常贊成　　G．絕對贊成

13. 外國勞動者不應該和一般公民享有同等權利。

    A．反對　　B．不太反對　　C．有點贊成　　D．大致贊成

    E．贊成　　F．非常贊成　　G．絕對贊成

14. 老人不應該著新潮服飾。

    A．反對　　B．不太反對　　C．有點贊成　　D．大致贊成

    E．贊成　　F．非常贊成　　G．絕對贊成

15. 過早結婚會出現問題。

    A．反對　　B．不太反對　　C．有點贊成　　D．大致贊成

    E．贊成　　F．非常贊成　　G．絕對贊成

16. 住公寓的人不應養貓、狗等寵物。

    A．反對　　B．不太反對　　C．有點贊成　　D．大致贊成

    E．贊成　　F．非常贊成　　G．絕對贊成

17. 公司董事長應該對員工提升業績抱很大的希望。

    A．反對　　B．不太反對　　C．有點贊成　　D．大致贊成

    E．贊成　　F．非常贊成　　G．絕對贊成

18. 「撒過一次謊，別人就不再相信你。」這句話說得沒錯。

    A．反對　　B．不太反對　　C．有點贊成　　D．大致贊成

    E．贊成　　F．非常贊成　　G．絕對贊成

CLASS VI 人際關係

19. 頂尖運動選手應該保持最佳狀態參加大賽。

   A・反對　B・不太反對　C・有點贊成　D・大致贊成
   E・贊成　F・非常贊成　G・絕對贊成

20. 對最新流行服飾不得不稍作考慮。

   A・反對　B・不太反對　C・有點贊成　D・大致贊成
   E・贊成　F・非常贊成　G・絕對贊成

21. 制定休假計劃時，不必考慮小孩子的意見。

   A・反對　B・不太反對　C・有點贊成　D・大致贊成
   E・贊成　F・非常贊成　G・絕對贊成

22. 女性和男性喝等量的酒不太好。

   A・反對　B・不太反對　C・有點贊成　D・大致贊成
   E・贊成　F・非常贊成　G・絕對贊成

23. 吸毒者被送進戒毒所是理所當然的。

   A・反對　B・不太反對　C・有點贊成　D・大致贊成
   E・贊成　F・非常贊成　G・絕對贊成

24. 有和自己意見不一致的人在場心情就不好。

   A・反對　B・不太反對　C・有點贊成　D・大致贊成
   E・贊成　F・非常贊成　G・絕對贊成

計分方法：

以上各題的答案，選 A 得 0 分，選 B 得 1 分，選 C 得 2 分，選 D 得 3 分，選 E 得 4 分，選 F 得 5 分，選 G 得 6 分。請將你的得分統計一下，算出總分，然後從下表中確認你的包容力高低（先找出屬於你的年齡欄）。

14～16 歲	17～21 歲	22～30 歲	31 歲以上	包容力
0～10 分	0～13 分	0～9 分	0～15 分	非常強
11～12 分	14～16 分	10～15 分	16～31 分	強
13～29 分	17～30 分	16～32 分	32～50 分	普通（尚可）
30～62 分	31～49 分	33～48 分	51～60 分	普通（稍低）
63～144 分	50～144 分	49～144 分	61～144 分	很差

說明：

非常強──非常有包容力，不在乎別人的意見和自己不同，能夠容忍偏激和善變的意見。

強──能理解和自己想法不同的意見，心中沒有偏見，願意敞開心胸接受新思想。同年齡層中比你缺乏包容力的人很多。

普通（尚可）──包容力處於平均水準，還算可以。

普通（稍低）──偶爾無法接納不同的聲音，對新趨勢和新思想抱持懷疑的態度。

很差──包容力很差，排斥與自己不同的意見，希望所有人和自己的想法一致。

CLASS VI 人際關係

CLASS VII

團隊情商

組織需要情商高的管理者，這個管理者能在新知識經濟中培養合作的能力和精神。

——企業管理顧問帕特・弗里特斯

CLASS VII　團隊情商

團隊情商是什麼？

　　個人有情商，團隊亦有情商。團隊作為一個組織，和任何個體一樣，也存在著情商高低的問題，即作為一個整體的團隊，在對自身價值觀和行為準則合理掌握的基礎上對外界變化的調適能力，學術上稱之為團隊情商。

　　每一個團隊都有各自的情緒。想想你最近參加一次團隊會議遲到時的情景，你一走進會議室，就會感覺到這種情緒。團隊的情緒可能是歡快的或哀愁的、樂觀的或悲觀的、有活力的或沒活力的、相互疏遠的或積極融入團隊的……所有這些特徵都描繪出真實的團隊情感。

　　說到團隊情商，通常還有一層意義，即團隊成員之間的情緒會互相感染。我們都見過這種情況：如果有人來開會時情緒低落或者怒氣沖沖，而且這種情緒沒有得到及時處理，那麼整個團隊裡的人都會被傳染上這種情緒。毫無疑問，如果一個非常有幽默感的人來開會，很快會使整間屋子的人都開懷大笑。

　　為什麼呢？因為人的大腦中情感系統的調節不僅是人體內部的調節，還受外部因素，比如人際關係的影響。情感是一個開放性的循環系統。也就是說，人腦如此設計是讓別人能幫助我們更好地調整情緒。

　　如果說個人情商是一種靜態的情商，那麼團隊情商就是一種動態的情商。現代企業中的大多數工作都是由各種團隊去完成的。為此，團隊的工作氣氛以及凝聚力對工作績效有著深刻的影響。團隊的和諧程度，不僅取決於其中每個成員的情緒智慧，更取決於團隊整體的情緒智慧。

高情商的團隊，其成員之間往往具有親和力和凝聚力，團隊會顯示出高漲的士氣；低情商的團隊，士氣低落，人心渙散，缺乏戰鬥力，所屬的組織一般也不會有好的發展。

一個團隊能否成為「明星團隊」，取決於這個團隊是否和諧，團隊成員是否相處愉快等。如果團隊成員覺得「沒有人關心我，大家都各顧各的」，或者他們對團隊中某人感到非常氣憤，或者他們難以忍受團隊領導的管理方式，那麼他們就不會全力以赴地工作，也不能和別人很好地合作。整個團隊的表現也會因此受到削弱。

團隊情商包括以下內容：

◇ 團隊角色認知

團隊是不同性格、不同能力、不同背景的個體結合在一起的組合，團隊中的每一個成員都必須擔任不同的角色。團隊角色認知是指團隊對自身功能、角色、任務的知覺，表現為兩個層次，即團隊成員對自己在團體中的角色認知和態度，以及團隊成員對團隊在組織中的角色認知和態度。

◇ 團隊價值觀共識

團隊價值觀共識是指團隊成員對團隊共同價值觀和某些原則，如群體規範等的認同程度，以及團隊共同願景的達成程度。只有在價值觀共識的指引下，團隊成員才能心理相容、相互賞識。在此基礎上，個人掌握的知識與資訊才能夠共享，各種異質特徵才能得到充分整合和激發，組合的乘數效果才能夠發揮出來，團隊的績效才能夠大大提高。

CLASS VII　團隊情商

　　當被授權完成一個共同的目標時，團隊必須建立自己的願景，而且此願景和公司的總策略必須是一致的。

◇ 團隊人際關係

　　團隊人際關係包括三個方面：團隊內部個體與個體的關係、團隊與外部個體的關係、團隊與其他團隊的關係。團隊人際關係的好壞影響著他人對團隊的感情和看法，進而影響著他人對團隊的認同和支持程度。

◇ 團隊衝突管理能力

　　由於不同的價值觀念、習慣認同、文化習俗等同時並存於一個團隊，或者團隊內部缺乏順暢的溝通機制、組織結構上存在功能缺陷等，衝突就會以各式各樣的形式客觀存在於每一個團隊之中。

　　團隊衝突管理能力是指透過協調所在團隊成員的個人績效從而實現共同目標的能力，注重在協調為達成共同目標而努力工作的不同個人之間的合作。

◇ 團隊學習能力

　　團隊學習能力是指團隊克服組織學習障礙，成員積極思考、自由交流、不斷超越自我、創新組織、主動變革的能力。

　　團隊學習是發展團隊成員整體搭配與實現共同目標的過程，不但能幫助團隊形成良好的智力整合，而且能形成團隊的知識共享，產生新的組合，使團隊智慧超過個人智慧的總和，對複雜問題做到比個人更有洞察力。

英雄團隊的根基

　　仔細觀察一下，你也許會發現企業裡存在這樣的現象：員工士氣低落，牢騷怨言多，領導剛愎自用等。這些現象很容易導致企業生產力降低，員工流失。

　　為什麼會這樣呢？團隊績效又是由什麼決定的呢？

　　團隊績效是指團隊成員（包括領導者）在一定時間內取得的業績。研究顯示，影響一個團隊效率的因素有三個：

◇ 成員之間相互信任、每個成員對群體特性和群體效能有良好的意識

　　如不具備這些條件，合作的結果是不會很有效的。團隊工作具有緊密的關聯性和相互依賴性。因此，為了有效地完成團隊工作，就必須提高團隊情商。如果合作能夠順利地進行，就能取得「1＋1>2」的效果；如果合作得不順利，將導致「1＋1<2」的結果，造成「三個和尚沒水喝」的局面。

◇ 成員的情感因素

　　情感是人意識活動的重要動力之一，而情感又受到人的生理機制和客觀環境的制約和影響，尤其是人際關係的影響。一個具有良好人際關係的團體可以激發成員熱愛集體的情感，使人心情愉快，身心健康，上下一心，艱苦創業。

CLASS VII　團隊情商

◇ 尊重、自信、愉快的人文環境

美國著名心理學家馬斯洛（Abraham Harold Maslow）認為，自尊需要的滿足將產生一種自信的感情，使人覺得自己在這個世界是有價值、有力量、有位置、有用處和必不可少的。這種自尊心理的形成固然受制於一個人的社會地位、知識結構和心理素質，但就某一團體而言，更受制於團隊中的人際關係，尤其是上下級之間的人際關係的影響。若團隊充滿尊重、信任、民主，則自信隨之而來，員工就會自約自律。

一個人的情緒不僅受到自身生理、生活狀況的影響，而且會受到他人的影響。成員之間會相互模仿、相互感染、相互暗示。團結、民主、平等、和諧的氛圍可以改變團隊成員的情緒，使人自然地生發出與環境一致的情緒（尊重、民主、禮貌等）。

可以看出，在團隊績效的三個決定因素中，每一個都與團隊情商有關。所以，團隊要想取得高績效，就必須有高水準的團隊情商——團隊充滿活力、士氣高昂、凝聚力強；工作環境民主、和諧、合作氣氛濃厚；團隊成員平等、自尊、積極交流、不排斥異己、對工作和任務充滿熱情，能夠時刻對團隊自身和外界環境保持理性的了解；團隊擁有核心競爭優勢和健康的、積極向上的團隊文化。

人們在工作中遇到的矛盾與難題僅靠分析是不可能解決的，這時候更需要透過交流感情、設身處地為他人著想和理解對方等方式來處理。

在一個高情商的企業裡，職員總是有機會、有管道向他們的上司提出自己的看法，哪怕這種看法並不是正確的。這樣，可以有效地緩解員工的不滿情緒，引導大家達成共識，從而提高工作效率。而一個情商低的團隊則會士氣低落、內鬥嚴重、拉幫結夥，這些都壓抑了人才的積極

性和創造性,甚至企業內外環境中一絲一毫的風吹草動都可能導致團體的解散。所以團隊情商的低下,很容易導致企業的業績低下。

其實,很多有識之士早就意識到企業管理中團隊情商的存在和意義。哈佛商學院心理學家夏沙那‧魯伯夫說:「企業界在本世紀經歷了劇烈的變化,情感層面也產生了相應的改變。曾經有很長一段時間,受企業管理階層重用的人必然善於操縱他人。但是到了一九八〇年代,在國際化與資訊科技化的雙重壓力下,這個嚴謹的管理結構已經逐漸瓦解。嫻熟的人際關係技巧是企業的未來。」

誠如湯姆‧彼得斯(Tom Peters)和羅伯特‧沃特曼(Robert Hanna Waterman, Jr.)在他們所著的《追求卓越》(*In Search of Excellence*)一書中所介紹的:美國優秀企業的共同之處就是具備較高的團隊情商。高水準的團隊情商可以提高每一位成員的情商水準,從而進一步提高團隊情商的整體水準。高情商的團隊能最大限度地發展人、發揮人的潛能,有利於提高企業的創新和應變能力。

例如,美國施樂是全球最大的影印機公司,曾經獨霸世界幾十年,但在一九七〇年代以後,普通紙影印技術專利期滿而使新的競爭者風起雲湧地投入市場、石油短缺而導致全球經濟不景氣等原因,使其外部經營環境發生了急遽變化。

從一九七六年到一九八二年,施樂的市場占有率從80%下降至13%。後來,總裁大衛‧科恩斯進行「全面品質管理」,「塑造團隊精神」,全面改造公司,至一九八九年終於轉虧為盈,市場占有率逐漸恢復到全盛時期的80%。可見,情商高的團隊往往對外界變化具有較高的調適能力,當外部環境發生變化時,不僅能透過調節自身行為來適應這些變化,甚至還能反作用於環境變化,成為環境的主宰者。

CLASS VII 團隊情商

耶魯大學心理學家羅伯特・史坦伯格和溫蒂・威廉姆斯曾做過一個研究：他們偽稱一種銷售前景看好的新式產品即將上市，請幾個行銷團隊各設計一套廣告。結果發現，如果一個團隊中有低情商的人，比如某團隊的個別成員特別熱衷於表現自己，喜歡控制或主宰別人，另有個別人缺乏熱情等，那麼該團隊的進度就可能拖延。

這些結果都表明，影響團隊表現的重要因素在於成員能否營造和諧的氣氛，讓每個人的才華都充分發揮出來。一個低情商的團隊中如果存在著嚴重的情感障礙，比如恐懼、憤怒、惡性競爭、不平等待遇等，那麼各成員的才能就很難得到充分的發揮，他們的能量都將消耗在內耗之中。

成功企業在管理中十分重視人際關係的和諧，把提高團隊情商作為重要的管理策略進行策劃和實施。如索尼（Sony）的家庭觀念在努力營造企業的「家庭」氛圍，改善企業內部、團隊內部的人際關係，協調和消除各種人際衝突，提高人際關係的和諧度。

作為一個高情商團隊的領導，應該允許並提倡員工拿一面大鏡子照出企業內諸多方面的瑕疵，與此同時，集思廣益還可以有效地使企業避免出現重大決策錯誤；還應該注意統一企業內部的不同聲音，即使統一不了，也要保障異己者的發言權。這雖然是老生常談，但有很多企業並未做到這一點。

一個企業要善於協調與合作才能塑造出高情商團隊，這需要一群人集合起來共同努力，各自貢獻不同的才華。團隊的表現也許無法超出這些個別才華的總和，但如果內部工作不協調，團隊的表現肯定會大打折扣。

如何提升？

提高團隊情商不僅有賴於提高團隊成員的個人情商，更重要的是要在個體情商的基礎上，加強開放式溝通，增進團隊成員間的相互信任和尊重，建立有效的衝突管理機制，並營造一種創新型的團隊學習氛圍。

◇ 提高領導層尤其是第一把手的情商水準

除去外在的社會原因，團隊情商的高低首先取決於領導者的情商水準。由於在群體中工作的個人都能捕捉到相互的情感，因此群體中的成員能夠創造出一種「情感雞湯」。每個成員都將自己的佐料加於其中，但只有領導者的調味才是最主要的，這是因為人們通常都是從最高層那裡獲得情感啟發的。

領導者通常是所有議題的第一個發言者，員工對他們的發言非常重視。領導者對某一情景的解釋能夠激發員工產生情感反應。人們通常會將領導者對某事的情感反應作為最有效的反應，進而自動調整自身的反應。這就意味著領導者在某種程度上設定了情感標準。因此，即使在大公司裡，CEO 的情緒或者態度也會感染和影響整個公司的情感氛圍。

由於領導者的言行能強烈影響員工的情感，因此要想成為一名高效的領導者，就必須深諳如何管理自身各種情感之道。領導者是設定組織中其他人的情緒和情感狀態的最重要人選，對組織中其他人的精神狀態擁有最大的影響力。

要想成為高情商的領導者，應注意下面三種方式：

CLASS VII　團隊情商

首先，團隊管理者要積極培養團隊成員的自我意識和自我激勵，讓個體充分認識自我，了解自己的感情，正確看待成功與失敗，始終保持較高的成就欲望。其次，團隊管理者要幫助團隊成員提高人際技能，即如何傾聽他人、理解他人的感受、察覺他人的真正需求，以及引導他人並與他人溝通內心的真實想法等。總之，要教會個體理解並適應他人的情緒，使個體和團隊永遠處於一個溫馨、融洽的人際關係之中。

最後，團隊管理者要教會團隊成員管理自己的情緒。成員如果不能控制自我情緒，不能化解不良情緒，那麼低落的情緒不僅會影響自己，也會影響他人。團隊管理者要幫助個體在自覺控制情緒、調整情緒的過程中體驗成功與快樂。

◇ 提高團隊成員個人的情商水準

團隊情商的基礎是個體情商。要提高團隊情商，首先應從提高團隊成員的個體情商開始。如果團隊成員情商水準都較低，動輒情緒低落、毫無鬥志，那麼我們很難想像這個團隊在面臨外部挑戰時能士氣高昂地對外界變化做出迅速的調適。

領導者要如何做，才能有效提高團隊成員的個人情商水準呢？

首先，領導者在組建團隊時，要特別注意成員的情商水準和素質結構。在應徵過程中，應該將應徵者的合作能力、親和力等作為考核因素。

其次，領導者在工作中要特別注意對員工進行輔導和培訓。對於個人而言，雖然先天性格或多或少會影響到情商的高低，但這種影響並不是絕對的，透過後天有意識的努力，完全可以從根本上提高對個人情緒

進行恰當調節的能力。

團隊成員要如何做，才能有效提高個人情商呢？

首先，團隊成員應建立樂觀的生活態度。遇事坦然，自信自強。

其次，團隊成員應及時解除自己的心理枷鎖，如自卑、壓抑等，這些都是影響個人情商的心理枷鎖。一旦發現自己被這些心理枷鎖困住，應及時尋找解鎖的方法，比如向自己信任的長輩、朋友傾訴，聽取他們的意見或建議等。

最後，團隊成員應寬以待人、嚴以律己。寬以待人意味著要有博愛的情懷，能包容他人的缺點和個性；嚴以律己意味著要增強自制力，凡事都能理性思考，不憑衝動行事。

◇ 建立有效的衝突管理機制

團隊衝突是客觀存在的，是不以人的意志而轉移的。雖然衝突對團隊發展的影響具有兩面性，即破壞性和建設性，但如果一個團隊缺乏有效管理衝突的能力，那麼不但破壞性的衝突可能會對團隊產生致命的打擊，而且建設性的衝突也可能會向破壞性的衝突轉化，直接威脅團隊的生存。

有效的衝突管理機制不僅能夠最大限度地發揮衝突有利的一面，而且能夠將那些功能失調的衝突成功消除，化團隊成員的不滿為建設性的評論，從而創造一個和諧的工作環境，形成高效率的合作。

在任何一個團隊中，有效的衝突管理機制通常具備以下四個特徵：

——團隊內部或團隊之間衝突管理的成本較低；

——具備流暢的訊息傳遞管道，使衝突各方能迅速掌握真實的第一手資料，進而有針對性地提出衝突管理方案；

── 有明確的衝突管理流程，當衝突發生時，有關部門或相關人員都清楚應遵循怎樣的程式去管理衝突，而且也清楚自己在衝突管理過程中享有怎樣的權利和要承擔怎樣的責任；

── 具備前瞻性，對潛在的衝突具有先見之明，能未雨綢繆，儘早採取措施防患於未然。

◇ 實施教練式團隊領導方式

團隊是人性管理的一個主要體現載體，團隊的管理者應改變領導哲學，轉變管理觀念，樹立以人為本的思想，以「資源的提供者、協調者、支持者和教練者」的角色給予成員回應和支持，協助成員明確努力的方向，激發成員的創意和潛能，引發成員雙贏的心態，促進成員真誠地溝通，激勵成員同心協力，發揮團隊精神，創造個體和團隊的卓越。

◇ 建立學習型團隊

如果團隊已意識到外界發生了變化，卻無法採取行動進行調適，其主要原因在於團隊缺乏調適的能力。要提高團隊的調適能力，關鍵在於增強其接受新知識、新觀念和新事物的能力，其中一個有效的途徑就是建立學習型團隊，這也是提高團隊情商的有效途徑之一。

不會學習的團隊在競爭激烈的環境中將面臨致命的危險。學習型團隊是透過團隊內部建立完善的學習機制和知識共享機制，從而使團隊具備持續的發展動力和創新能力。

學習型團隊不僅有利於團隊成員提升個人的知識資本，而且有利於團隊形成整體的競爭優勢，從而達到雙贏的最佳境界。

◇ 用團隊精神喚起團隊情商

　　團隊精神在一定程度上表現的是團隊的人際關係和團隊的共同價值觀認知，表現為和諧、坦誠且互補的成員關係，以及成員間的相互信任與合作，團隊成員充滿自豪與集體榮譽感，並且盡心盡力，勇於承擔責任。

　　團隊精神與願景是團隊成員共同認可的一種集體意識，是表現團隊成員的工作狀態和士氣，以及共同價值觀念、理想信念的思想意識，是推動團隊發展的精神力量和共同願望。

　　團隊精神是一種集體英雄主義，是個體與群體在目標一致的基礎上的融合，是成員想法、心態上的高度協調，是行動上的默契和互補，是相互之間的寬容和接納。

　　對於企業而言，團隊精神是企業文化的昇華。用團隊精神喚起團隊情商，能更全面、更有效地激發員工的熱情。

　　團隊的管理者和領導者要善於創造輕鬆活潑的團隊氣氛，引導成員用「雙贏」的策略進行換位思考，用整體觀念代替個體意識，培養團隊精神和合作能力。

　　此外，在員工薪水制度中，可以採用基於團隊績效的可變薪水制度來幫助培養和強化團隊精神。在工作節奏越來越快的今天，所有工作是相互聯繫著的，對每個成員的獎勵要不僅僅基於他自己的努力，而且與團隊的共同努力有關。從這個意義上講，團隊薪水設計、團隊獎勵計劃不僅加強了團隊計劃和解決問題的能力，並且促進成員間的感激、幫助與合作。

CLASS VII　團隊情商

◇ 注重溝通，建立一個和諧的工作環境

溝通是人們之間相互傳遞訊息、想法、知識甚至興趣、情感等的一種行為。溝通對團隊成員的互動行為、對團隊的營運都發揮極大的影響和促進作用。只有溝通，才能使成員的情感得到交流，才能協調成員的行為，形成共同的願景，產生強大的凝聚力和戰鬥力。

溝通決定團隊成員的關係結構、團隊的凝聚力和工作效能。企業可以透過各種途徑，如各種例會、內部出版品、有線電視、企業內部網、各種彙報、非正式接觸、電話、書信等，創造各種促進溝通的條件，這樣就可使團體內部資訊共享、充分溝通、消除矛盾、統一想法、增強團結。因此，溝通是提高團隊情商的重要方式。

有人說：「現代管理就是意見溝通，意見溝通一旦終止，這個組織也就無形宣告壽終。」形象一點的說法就是，缺少了溝通的企業如同一潭死水，激不起創新的浪花，也掀不起創造的風暴，其命運是不言而喻的。

一個組織中意見的溝通對於促進團結、正確決策、協調行動、保證集體活力是非常重要的。領導者和成員之間在某一個問題上必須取得一致的意見。而在此之前，必須先彼此交流意見。如果不進行溝通，那麼勢必會造成各自為政的局面。這就好比是幾個人拉車，如果他們各自拉往不同的方向，那麼即使他們使出九牛二虎之力，也無法使車前進一步。

在與人溝通的過程中，我們要注意以下三點：首先，溝通時，要知道自己的感情。

知己知彼，百戰百勝，良好的溝通必須從了解自我開始。只有充分了解自己，才能把自己的位置擺正，才能在溝通過程中揚長避短。

其次，溝通時，要尊重別人的感情。

人都需要尊重，只有尊重對方，才能獲得對方的信任感。要實現良好的溝通，我們必須置身於對方的感情世界中，切身感受對方的憤怒、恐懼、悲哀、喜悅、興奮、渴望等，對對方的心理需求做出正確的回應。

尊重對方要有體察對方心情的能力，不帶成見、不帶評判態度。溝通時，要細心傾聽對方的言談，體會其含義。例如，主管批判下屬的時候，要盡量避免在公開場合進行。個別談話使人更覺私人化，也能照顧對方的面子和感受，使對方易於接受，收到事半功倍之效。

尊重他人還表現在開誠布公的溝通上。在惠普公司，總裁辦公室從來沒有門，員工受到頂頭上司的不公正待遇或看到公司發生問題時，可以直接提出，還可越級反映。這種企業文化使得人與人之間相處時，彼此之間都能做到互相尊重，消除了對抗和內鬨。

尊重他人還表現在談話時坦誠有禮，精神要集中，要看著對方，態度誠懇而積極，不要打斷對方講話，要用商量的口吻有針對性地發表自己的看法，如「這樣做可以嗎？」

最後，溝通時，要控制自己的感情。

人的感情往往使人看問題不能客觀，帶有情緒，而帶有情緒就會使人忽略對方的想法，導致溝通失敗。因為人與人的立場、地位、資訊、看問題的角度不同，所以在溝通過程中，難免會出現有差異的觀點，甚至觀點迥異的情況。為此，我們要能控制自己的情緒，即使對方蠻不講理，也不可大動干戈，大動肝火，而應冷靜應付，必要時以不變應萬變。

CLASS Ⅶ　團隊情商

和藹可親的團隊領導者

　　一位女經理經常發飆,她也知道自己亂發脾氣不好,很想控制自己生氣的情緒,可就是做不到。於是,她去看心理醫生。

　　醫生問:「你都跟誰發飆了?跟市長你敢發飆嗎?」她說不敢。醫生接著問:「跟頂頭上司你敢發飆嗎?」她說也不敢。

　　醫生最後問:「那你都跟誰發飆?」女經理說,她經常對下屬發飆。

　　其實,女經理的自制力相當強,該發飆時發飆,該不發飆時就不發標。跟市長和上級不敢發飆,因為她對他們有一種畏懼心理,即使她想生氣,也只能極力控制。而對於下屬,她有一種優越感,這種心理使她唯我獨尊。只要對下級稍有不滿,她根本不用顧忌和克制,火氣自然會迸發出來。

　　你的下屬是不是不敢把壞消息告訴你?不管這個壞消息是有關公司業績表現的,還是有關領導者自身表現的。相關調查數據顯示,與公司其他人相比,高層領導者最不容易獲知批判類消息,就是知道也已經很晚了。

　　為什麼會出現這種情況呢?下屬害怕告訴領導者壞消息是很自然的事情,因為大多數領導者會遷怒於告訴他壞消息的人。人往往因為自己優於別人而驕傲自大,看不起卑微者。很多總裁很少面帶微笑,甚至我們可以用一個人的笑容多寡來判別他的身分地位。一個人在階級組織中的地位越高,微笑的表情就越少。

　　領導不等於壓制,而是說服別人為一個目標共同努力的過程。領導者需要透過藉助他人來高效地完成工作任務,領導力就是一種藉助他人

完成工作任務的藝術。領導者必須注重發掘自身的情感潛能，並運用情感能力影響他人。

因此，領導者不要過分看重權力，武斷專橫，而是要透過魅力與權力的有機結合，透過情商的運用，最大限度地調動被領導者的積極性和創造性。權力是暫時的、有條件的，而情感、情商則是需要領導者花畢生精力去追求的。

那些擁有高情商的總裁，通常會展現出自己和藹可親的形象。他更像是一個優秀的溝通者，一個熱誠關心他人的人，同時他也很受大家歡迎，具有領導者的魅力。領導者必須做到讓員工釋放全部能量，而不僅僅是盡職盡責。

當柯林頓動情吹奏、踏歌而舞時，民眾感受到的必然是他的情感豐富、平易近人。運用情感能力影響他人，就要把人的因素當作領導工作之本。如果你想圓滿完成工作任務，那麼你必須對員工進行激勵、啟發、引導和指導，必須虛心傾聽他們的建議。

領導者最主要的工作是讓手下員工產生良好的感覺。這種「良好的感覺」指的是理想感覺。為了達到最佳工作狀態，每個人都有一個理想的心理狀態。一個人能否做好工作，在相當程度上取決於他是否處於理想狀態之中，不能覺得乏味、不能過度焦慮、不能覺得壓抑。

科學研究清楚地表明，當一個人處於憤怒、焦急、與人疏遠、沮喪的狀態時，他的工作通常做不好。當你情緒不好時，你的思路就會不清晰，吸收資訊也會不全面，理解問題也不夠透澈，也就不能做出適當的反應。

產生這種現象的主要原因就是，令人心煩的情緒會發出一個訊號給大腦──將注意力集中到令你煩惱的事情上，並且採取行動試圖改變

CLASS VII　團隊情商

它。而當你全神貫注地處理這件事時,你有效處理資訊的能力就減弱了。如果這種情況發生在一個團隊中,就會變得更危險,團隊的機能就會失調。因此,領導者的任務是協助員工進入並一直處在那個最佳狀態中,而並不是僅僅幫助員工產生良好的感覺。

在工作中,當我們遇到困擾時會向主管求助,以便弄清楚事情的本質,或者需要主管為我們指明方向,鼓舞我們的鬥志,激勵我們前進。如果領導者認為「這不是我工作的一部分,不管我怎麼做都沒關係,只要他們理解我想要什麼就行了」,那麼他的領導力就會被削弱。團隊中的領導者對團隊情緒的影響比團隊中的任何一個人都要大。

每個領導者都不能忽視一個事實,那就是人的情緒總是有高有低,重要的是你要幫助他恢復正常。具備自我意識是一個團隊能夠管理自身情緒的先決條件,應該去處理問題而不是掩蓋問題。換句話說,領導者應幫助團隊不斷增強自我意識,這是情商中最核心的部分。領導者一定要控制好自己的情緒,慎防生氣。即使生氣,也不要把事情做絕,而要留有可以挽回的餘地,並注意事後採取補救措施。

除了能夠清楚地了解其他人的感覺,並表達出一種帶有支持力的個性之外,擁有高情商的人還有其他兩種能力——能在兩個敵對的派系之間進行有效周旋,以及能將團隊成員進行有效組織。他們就像成功的政治家一樣,能夠使周圍人都感受到自己受到重視和支持,從而散發出熱情和活力。

卓有功效的團隊領袖

很多人在看過關於團隊情商的文章之後認為，團隊情商和領導力就是待人友善，做好人。實際上，團隊情商並不是做好人，而是做一個有功效的人，這當中就包括為了追求功效而待人嚴厲的情況。這類領導者都知道應該在何時因為何種原因對何人嚴厲，以及應該嚴厲到何種程度。

那些無論何時都只會板著臉的人，肯定不具備團隊情商和領導力。那麼，什麼樣的人是高情商的領導者呢？領導力的關鍵是什麼呢？有人說是人格魅力，事實是這樣的嗎？

根據情商大師丹尼爾‧高曼的觀點，如果下屬對領導者十分忠誠，根本不在乎他到底能不能帶領企業取得成就，那麼他就變成一位個人魅力很強的領導者了。這樣，公司就很容易脫離現實，而公司實際要做的是創造價值、占領市場，並實現盈利與成長。

如果一家公司無視這些實際情況，無條件地接受任何一個個人魅力很強的領導者，那麼它將來肯定會遇上麻煩。在美國有很多這樣的例子，例如安隆公司（Enron Corporation），它有一位魅力十足的領導人，但是他指使下屬撒謊，並且運用欺騙的會計方法製造領導力來發揮自己的作用。

既然人格魅力不是關鍵因素，那麼領導者應該注意些什麼呢？打造情感上的共鳴。因為樂觀正面的情緒能釋放人的最大潛力。人格魅力不是最關鍵因素，領導力關鍵在於引發情感的共鳴。

領導者之所以成為優秀的領導者，並不是因為人人都對他十分忠

CLASS VII 團隊情商

誠,或是因為他有權力光環的照耀,而是因為他有領導的能力,能夠取得矚目的成就。

最佳的領導者是一個情感共鳴型領導者,情感共鳴型領導風格是指領導者能夠幫助下屬達到並保持最佳狀態。如果你想成為一位能引起情感共鳴的領導者,首先應調整你的價值觀、做事的優先順序、判斷的標準和工作目標,並切實根據這些因素來領導團隊,透過協調你和團隊其他成員的價值觀、做事的優先順序、判斷標準和工作目標來進行領導。

你會發現,當你做出調整以配合其他人時,也會幫助其他人做出相應的調整。也就是你創造出了一種氛圍,這種氣氛能使你整合出一個共同的使命來激勵團隊的所有成員。

從團隊角度看,情感共鳴可以釋放團隊成員的能量,使他們的工作積極性無比高漲,從而提升整個團隊的熱情,使團隊成員達到最佳工作狀態。

在一個充滿情感共鳴的團隊中,成員們會以正面的情緒一起行動。當團隊作為一個整體表現出情商,也就是產生情感共鳴時,不管表現的評價標準如何,我們都可以預計它會成為最棒的團隊。

關於這方面的研究有很多,例如在百事可樂公司做的研究。該公司在亞洲、歐洲、美洲等的業務區域都有區域領導人,研究者考察了不同領導人實現工作目標的能力。如果某個區域的領導者具有很高的情商,那麼這一區域的業績就會比其他區域高出15%～20%;如果某個區域的領導者情商較低,這一區域的業績就會低於平均水準。

將這些數據彙總起來,你會發現,領導者的情商能力的高低會帶給公司的利潤底線巨大的差異。有趣的是,在中國出現的差異和在美國的

情況如出一轍。強生公司 CEO 雷夫‧納森意識到，強生要取得成功就需要越來越多的領導者。事實上，他把培養領導者看作公司最重要的任務。他的研究團隊考察了三百五十八位被認為是最有前途、發展迅速、潛力巨大的中層管理者，這些人是從全球範圍精心挑選出來的，他們分別代表了美洲、歐洲、非洲、亞洲等。

強生公司把這一組經理人和另一組績效不佳的經理人作比較，評估他們的情商資質。研究人員發現，高績效的那組展現出所有的情商資質，而另外一組績效不佳的卻只顯露出很少的幾項情商資質。無論在全球什麼地方，情商資質都同樣能被辨識出來，這就說明這些能力在公司的任一業務區域都發揮作用。

真正的情感共鳴不僅來自領導者愉悅的情緒或說些正面的話，更來自包含四種領導風格的行為。在高曼的一本書中，他提到四種不同的領導風格以及它們對團隊產生共鳴的不同影響。

這四種領導風格分別為遠見型、教練型、合作型和民主型。

◇ 遠見型領導風格

遠見型領導者會整合出一個共同的願景，並且清楚地指明方向，幫助團隊成員向著共同的希望或夢想前進。他會讓隊員們自由發揮，去創新、去嘗試，並且可以去冒適當的風險。

為了有效地運用這種領導方式，領導者需要具備很好的理解他人情感的能力。他必須能讀懂隊員的心思，能了解隊員的感受和判斷出隊員是否對他所描繪的前景產生共鳴。如果領導者不能理解隊員們的想法、希望和夢想，就不可能激勵他們。

◇ 教練型領導風格

教練型領導者會解開團隊的約束，和隊員個別交談。他們通常不是談論工作，而是談個人情況。比如：你是怎樣的人？我想了解你，你想得到什麼？你的生活是怎麼樣的？你對自己的職業生涯有什麼期望？我能做些什麼來幫你得到你想要的東西，或者幫你達到目標？

這種開放式的談話使得領導者和隊員能相互溝通，領導者會根據隊員的要求，量身打造和分派工作任務，或者為隊員制定彈性的工作目標，提供機會給隊員讓他們朝著自己的目標努力。這樣的領導方式會帶來隊員極大的忠誠度和對團隊極強的責任感。

◇ 合作型領導風格

合作型領導風格是指在團隊中透過隊員之間的交流營造出和諧的氛圍。合作型領導者會創造機會讓隊員們分享時光、相互了解，並且團結在一起。他們對人和人的情感的關注程度超過對工作和目標的關注，並且會毫不吝惜地讚美別人。

合作型團隊重視感情投資，這樣團隊在有壓力的情況下也可以很融洽地進行合作。當領導者真正需要幫助的時候，隊員們也更有可能提供幫助。

這種領導方式的缺點是太過注重表揚，讓每個人都感覺良好，團隊中的衝突和矛盾會被掩蓋起來，績效不佳的員工也會被團隊所容忍。所以這種領導方式應該和其他領導方式相互補充運用，並且應謹慎使用。

◇ 民主型領導風格

民主型領導者是共識的締造者，他善於傾聽別人的意見，在決策時把別人的觀點考慮在內。善於傾聽的領導者能調動團隊成員參與討論的積極性，並且讓他們覺得自己很重要。

這種方式不適用於危機的情況，或者在需要專家意見時也不能採用這種方式。但是當前進的道路不甚明瞭時，領導者可以坦率地說：「你們比我知道得要多，你們認為我應該怎麼做呢？」

最好的領導者應該對其中一種或一種以上的領導方式能熟練運用，而且選擇哪幾種是可以不同的。不同的人有不同的領導風格。掌握以上全部領導技能的領導者定會獲得最大的成功。

CLASS VII　團隊情商

會妥協的高情商下屬

在提高團隊情商的過程中，領導者的作用是第一位的，但並不表示下屬只能被動地適應。作為下屬，所有你認為正確的和對你們部門有利的想法，都應該以你認為合適的方式讓上級知道。要把你的想法傳遞給你的上級，使你的上級領會、同意並支持你的想法和行為。

情商高的下屬會充分了解上司的性格特點和脾氣秉性。上司雖然是領導者，但他首先是一個人。作為一個人，他有他的性格、愛好，也有他的語言習慣等。有些上司性格爽快、乾脆，有些則沉默寡言、事事多加思考。你必須先了解清楚，然後適當地迎合領導者的性格特點。

從總體上說，上司可以分為「讀者」和「聽者」兩大類。

對喜歡當「讀者」的上司，你談得再多也只是浪費時間。他只有在讀過相關資料之後，才能聽取你所提出的問題。對喜歡當「聽者」的上司，如果你向他提交一份長篇報告的話，那只能是浪費時間，因為他只有在聽取口頭彙報時才能抓住要點。

彙報工作時，上司希望下屬簡明扼要地彙報，還是事無鉅細都要了解？他希望下屬提交一份詳盡的書面報告，還是做口頭陳述？甚至有時還應考慮，在什麼時間向上司彙報更合適。

美國前總統布希比較中意賴斯，因為賴斯知道布希不喜歡長篇大論，所有的報告只要一頁，賴斯就會根據布希的這一偏好把資源進行整合，然後抓住重點，向布希敘述。

如果你是一位善於觀察的高情商下屬，你還得花時間去了解上司的目標、壓力和工作方式。比如，上司的個人目標是什麼？工作目標是什

麼？他面臨著哪些壓力，尤其是來自他的上司和同級經理的哪些壓力？他的工作方式是什麼？他希望別人的工作方式又是什麼？

上司也有他的優點和弱點。哪些事情他處理起來得心應手、遊刃有餘？哪些方面他希望得到下屬的支持和協助？了解了這些，清楚了這些，你才能做到心中有數，讓上司揚其所長、抑其所短。比如，你的上司精通市場業務，而對財會工作卻不甚了解，那麼你可以事先為上司做好詳細的財會分析，以幫助他做出正確的決策。

在影響上司的過程中，還應該講究一些方法。說話、做事要注意分寸，既要幫助上司解決困擾，也要注意不要使上司對你產生危機感，不要隨便揭露上司的祕密，更不要混淆上下級之間的界限。

第二次世界大戰期間，史達林在軍事上最倚重的人有兩個：一個是軍事天才朱可夫，另一個是蘇軍大本營的總參謀長華西列夫斯基。

史達林唯我獨尊的個性使他不允許有人比他高明，更難以接受下屬的不同意見。在二戰期間，史達林的這種過分的自我尊嚴感曾使蘇聯紅軍大吃苦頭，遭到不可估量的損失和重創。一度提出正確建議的朱可夫，被史達林一怒之下趕出大本營。但有一人例外，他就是華西列夫斯基，他往往能使史達林在不知不覺中採納他正確的作戰計劃，從而發揮巨大的作用。

華西列夫斯基的進言妙招之一，就是潛移默化地在休息中施加影響。

在史達林的辦公室裡，華西列夫斯基喜歡同史達林海闊天空地「閒聊」，並且往往還會「不經意」地隨便說說軍事問題，既非鄭重其事地大談特談，也不會講得頭頭是道。由於受到啟發，等華西列夫斯基走後，史達林往往會想出一個好計劃。過不了多久，史達林就會在軍事會議上宣布這一計劃。

CLASS VII 團隊情商

華西列夫斯基在和史達林交談時，有時會故意犯一些錯，給史達林製造幫他糾正錯誤的機會，然後華西列夫斯基會把自己最有價值的想法含糊其詞地講給史達林聽，由史達林形成完整的策略計畫公開宣布。當時史達林的許多重要決策就是這樣產生的。

華西列夫斯基就是靠與領導者之間的隨意交流，逐步啟發、誘導史達林，使自己的種種想法得以實現，以至於連史達林本人也認為這些好主意是他自己想出來的。

就這樣，華西列夫斯基成為史達林不可或缺的得力助手，在二戰期間發揮巨大的甚至是無可替代的影響力，其手段不可謂不高明。

作為下屬，你的某些好想法可能最後會變成你上級的決定並且多以他的名義發出，這種情況已經相當不錯，因為你的目的已經達到。千萬不要到處宣揚這是你的主意，更不要因此而憤憤不平。

如果讓上司覺得你總是在給予他，他離不開你，那麼你可以猜想，自己和上司的關係是不可能融洽的。因為上司會覺得自己沒有尊嚴，沒有安全感。此時，唯有高情商的下屬才能改變這種局面，要讓上司真切地感覺到，你的優秀是因為他的存在。

當你和上級產生矛盾之後，你一定要想辦法盡快彌補。如果是誤會，要趁早解釋清楚；如果是分歧，應盡可能達成一致。事實證明，如果硬槓，最終倒楣的多半是你而不是你的上級。

處理自己與上司的關係成功與否的標準，就是看你能否和上司形成「魚水情」。魚因水而存活，水因魚而顯得有靈氣。當你是「水」時，不要認為「魚」離不開你，由此而居功自傲；當你是「魚」時，不要覺得「水」需要自己才能顯出靈氣。達到這個境界之後，你就可以引導上司有效地完成自己想做的事情了。

除此之外，為了影響你的上司，你還要讓上司真正地了解你。只有這樣，他才能掌握哪些任務是你力所能及的，哪些是你的強項，哪些是你所不擅長的。畢竟你的上司也要對自己下屬的工作負責。只有充分了解你，他才能放心地把任務交給你。在某些關鍵的時候，他才能有把握地說：「我知道他能做好這項工作。」

所以，請一定要相信，作為一個高情商的下屬，同樣能影響領導，提高團隊的情商。

哈佛情商課，世界頂尖學府教你的高 EQ 思維：

掌控情緒、影響他人，從自我管理到領導力，頂尖人士如何培養心理優勢？

作　　　者：西武	**國家圖書館出版品預行編目資料**
發　行　人：黃振庭	
出　版　者：山頂視角文化事業有限公司	哈佛情商課，世界頂尖學府教你的高 EQ 思維：掌控情緒、影響他人，從自我管理到領導力，頂尖人士如何培養心理優勢？/ 西武 著 .-- 第一版 .-- 臺北市：山頂視角文化事業有限公司，2025.03
發　行　者：山頂視角文化事業有限公司	
E - m a i l：sonbookservice@gmail.com	
粉　絲　頁：https://www.facebook.com/sonbookss/	面；　公分
網　　　址：https://sonbook.net/	ISBN 978-626-99407-8-3(平裝)
地　　　址：台北市中正區重慶南路一段 61 號 8 樓	1.CST: 情緒商數 2.CST: 情緒管理
8F., No.61, Sec. 1, Chongqing S. Rd., Zhongzheng Dist., Taipei City 100, Taiwan	176.5　　　　　114002142

電　　　話：(02)2370-3310
傳　　　真：(02)2388-1990
印　　　刷：京峯數位服務有限公司
律師顧問：廣華律師事務所 張珮琦律師

─版 權 聲 明───────

本書版權為樂律文化所有授權山頂視角文化事業有限公司獨家發行電子書及繁體書繁體字版。若有其他相關權利及授權需求請與本公司聯繫。

未經書面許可，不可複製、發行。

定　　　價：420 元
發 行 日 期：2025 年 03 月第一版

電子書購買

爽讀 APP　　臉書